LA

DERNIÈRE BORDÉE

PARIS — IMPRIMERIE ALCAN-LÉVY
61, Rue de Lafayette, 61

LA DERNIÈRE
BORDÉE
DU FORT DE LA
DOUBLE-COURONNE

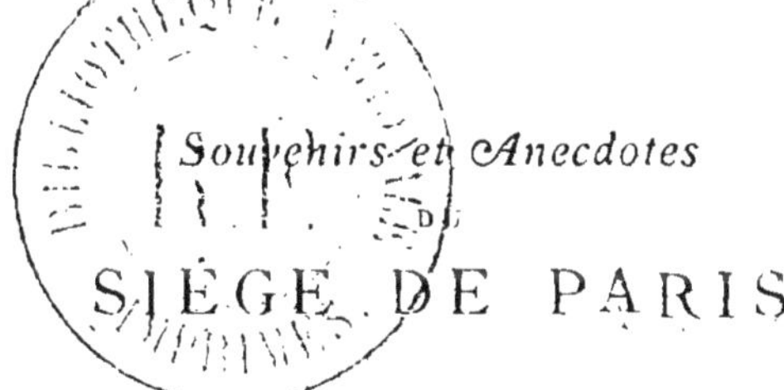

Souvenirs et Anecdotes

DU

SIÈGE DE PARIS

PARIS
E. LACHAUD, LIBRAIRE-ÉDITEUR
4, PLACE DU THÉATRE-FRANÇAIS, 4

1872

Aux Habitants de Saint-Denis

L'auteur de ces notes, témoin, comme le commandant du fort de la DOUBLE-COURONNE, *du calme, de la patience, du dévouement et du courage de la population de Saint-Denis, pendant le siége et le bombardement de cette place, lui dédie ce livre, comme un hommage à son patriotisme!*

C.

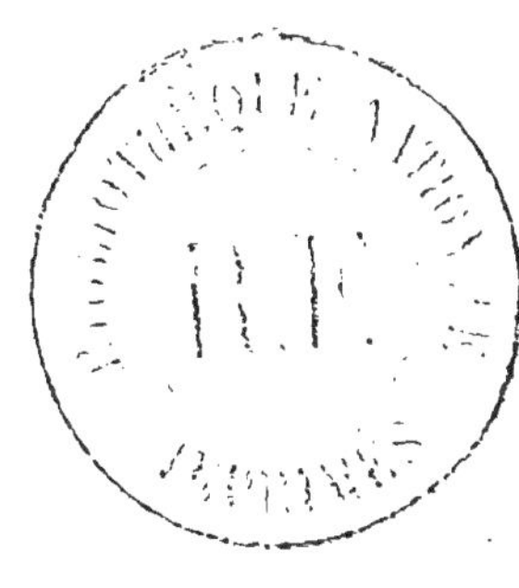

PRÉFACE

En refusant d'émettre son avis sur la reddition de Paris, qu'il a considérée comme un fait politique et un acte gouvernemental, le Conseil d'enquête sur les capitulations a, sans doute, montré beaucoup de tact et sagement dégagé certaines responsabilités militaires.

Mais si cette réserve a pu être utile ou agréable aux chefs de la défense, elle devait déplaire et nuire à ceux de leurs subordonnés qui, pendant ce siége de Paris, ont commandé et gardé les forts détachés.

Ceux-là ont rempli tout leur devoir; ils ont vaillamment obéi à toutes les prescriptions du décret sur le service des places de guerre; plusieurs ont été blessés, impassibles, sous les trombes de fer et de feu du bombardement....

Comme le défenseur de Belfort, ils n'ont cessé la résistance que sur l'ordre formel du gouvernement : ils n'ont pas livré ces forts confiés à leur honneur; ils les ont évacués.

Voilà ce qu'un rapport du Conseil d'enquête sur les opérations militaires du siége de Paris eût officiellement constaté.

Alors l'opinion publique se serait émue, elle aurait salué ces héroïques commandants de nos forteresses, elle aurait sommé le ministre de la guerre d'acquitter envers eux, par de légitimes récompenses, la dette de la patrie.

Eh bien! le silence prudent de ce Conseil d'enquête a rejeté dans l'ombre et dans l'oubli de braves officiers qui ont le plus honoré la défense de la capitale.

Aujourd'hui, ils ont disparu, à peine remerciés, les uns envoyés dans de lointaines garnisons, les autres rendus à la retraite qu'ils avaient volontairement quittée. Et déjà avec eux s'effacent le souvenir et la reconnaissance de leurs services.

Ils n'auront pas même cette satisfaction

qu'un procès-verbal d'enquête rende un froid témoignage à leur modeste énergie et à leur patriotique dévouement !...

N'y a-t-il pas là déni de justice?

Certes, M. le vice-amiral baron de La Roncière Le Noury, quand il a publié son journal de la Marine au siége de Paris, *si éloquent et si fier par sa concision, a réparé cette injustice pour ceux de son arme : il a su revendiquer leurs titres glorieux...*

Mais les autres?

Ces vigoureux colonels et commandants de l'armée de terre qui tenaient si ferme La Briche, la Double-Couronne, le fort de l'Est, et s'étaient juré de ne les pas lâcher...

Qui donc a parlé d'eux et pour eux?

Aussi, honteux de l'indifférence montrée surtout à l'un de ces trois-là, le chef de bataillon retraité, CHARLES ZÉLER, *qui commandait la* Double-Couronne, *c'est un Parisien, un volontaire du siége, — ayant peu fait, hélas! mais beaucoup vu, — qui veut et vient, à la bonne franquette, déposer en faveur de ce vaillant soldat et dire sur lui la vérité.*

Puissent ces notes d'un témoin intéresser... tout le monde!

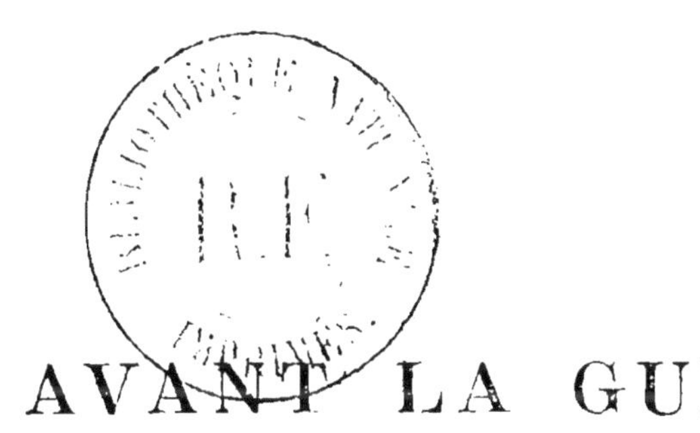

AVANT LA GUERRE

AVANT LA GUERRE

Quel était le passé militaire de notre commandant, lorsque l'Empire, aveuglé par le succès du plébiscite, entreprit, sans l'avoir préparée, cette funeste guerre de 1870?

Ses états de service relevés au ministère de la guerre et quelques documents officiels nous le diront.

Charles Zéler naquit en Espagne, de parents français. Sa nerveuse allure, son teint basané, ses yeux vifs, ses cheveux et sa barbe noirs, son entrain, sa vigueur attestent cette double origine.

Il fit ses études à Paris.

A dix-huit ans, il s'engageait dans un régiment de ligne.

En Afrique, dès 1840, fourrier, sergent-major aux zouaves, — les zouaves des Cavaignac et des Canrobert, — il commençait une éclatante série de dix années de campagnes, et devenait, à la pointe de la baïonnette, lieutenant dans ce corps d'élite.

En 1848, détaché à la nouvelle garde républicaine avec le grade de capitaine, il se battait, aux journées de juin, contre le socialisme et son sanglant drapeau. A la tête de la 1re compagnie du 3e bataillon, il enleva les barricades de la rue Saint-Antoine et celles du Petit-Pont, et ramena au feu, sur le parvis de Notre-Dame, les gardes mobiles débandés. La croix de chevalier récompensa son courage.

En 1851, il retournait lieutenant aux zouaves d'Afrique.

En Crimée, il prit si bien sa part des fatigues et des combats, qu'à la fin de l'expéditon il était capitaine au 2e voltigeurs de la garde impériale, un de nos plus solides régiments.

Aussi, *à Solferino*, en 1859, il entraînait sa compagnie sous la mitraille, s'élançait sur trois canons autrichiens, tuait de sa main les servants de deux pièces, et, confiant ce trophée à la garde de son sergent, il entrait le premier dans le village de Cavriana.... Ce fait d'armes, digne d'un ancien zouave, valut au capitaine Zéler la rosette d'officier de la Légion d'honneur et la croix du Mérite militaire de Savoie.

Enfin, chef de bataillon, comptant treize

campagnes et trente-deux ans de brillants services, malgré ce que lui promettaient encore son énergie, son activité, son intelligence, il crut que désormais une longue paix rendrait vaine son ardeur guerrière, et en 1862 il prit sa retraite. Il avait quarante-huit ans.

L'armée perdait en lui un de ses plus vaillants. Mais, après une carrière si crânement fournie, il avait bien le droit de se reposer et de consacrer à sa femme, à ses enfants, ce qui lui restait encore de dévouement et de tendresse. Il en avait assez donné à la France.

Mais dans sa retraite paisible et honorée, au milieu des joies et des soins de la famille, le vrai soldat pense encore à sa patrie, à son drapeau, à ce noble métier des armes qui lui a procuré de si viriles émotions.

Les loisirs d'un officier véritablement

distingué ne sauraient être stériles. Dans sa modeste maison de Dauville, le commandant Zéler étudiait toujours l'art militaire, et, comme s'il pressentait l'avenir, il adressait à Napoléon III un curieux Mémoire sur l'*utilité de la formation d'un corps d'éclaireurs* pour préparer le succès d'une bataille....

Nos désastres de la dernière campagne, dus si souvent aux surprises de l'ennemi et aux imprévoyances des chefs, n'ont que trop justifié les préoccupations et les vues de M. Zéler!

On lira donc, aux notes et pièces justificatives de ce volume, avec un douloureux intérêt un extrait de son Mémoire.

Au mois de juillet 1870, la déclaration de guerre à la Prusse troubla le calme du commandant retraité.

Le zouave se réveilla en lui au bruit des préparatifs militaires et des airs de bataille.

A cinquante-six ans, il se vit encore alerte, ardent, vigoureux; il sentit un regain de jeunesse et d'audace dans son cœur et dans ses veines.

Pour la patrie, pour cette mère qu'il croyait outragée, il oublia sa femme, ses jeunes enfants.

Les rochers de l'Afrique, les neiges de la Crimée, le soleil de Solferino se remontraient, visions glorieuses, à son œil rêveur, et l'ivresse des camps lui montait à la tête.

Au lendemain de Reischoffen, il écrivait au ministre de la guerre : il demandait à rentrer en activité de service et à combattre une fois de plus pour la France.

Le 23 août 1870, le ministre Palikao acceptait l'épée du chef de bataillon retraité Zéler : on lui confiait la défense du fort de Gennevilliers. Il devait prendre sur-le-champ possession de ce commandement.

Plein de résolution et d'espoir, s'arrachant aux caresses alarmées de sa famille, le commandant Zéler reprit l'uniforme et partit.

Le 28 août, il se présentait à l'état-major de la place de Paris, où l'on s'étonnait de la mâle attitude et de la vive allure de ce vétéran. Le 29, il exerçait son commandement à Gennevilliers et en visitait toutes les positions.

PENDANT LE SIÉGE

PENDANT LE SIÈGE

GENNEVILLIERS

Le fort de la presqu'île de Gennevilliers était un des ouvrages en terre improvisés pour la défense avancée de Paris et commencés à la dernière heure.

Il fallait donc là, pour surveiller les bords de la Seine, pour maintenir une troupe disparate trop faible d'effectif et mal ravitaillée, pour accélérer les travaux et pour protéger les habitants contre les déprédations des rôdeurs, il fallait un chef qui joignît aux talents militaires des aptitudes administratives et la fermeté au courage.

Quand M. Zéler avait quitté notre armée elle était encore fortement organisée : aussi rentrait-il au service avec des traditions d'ordre, d'activité et de discipline qu'il sut imposer aux moins dociles.

Dès le 30 août il eut à faire ses preuves : une rixe nocturne était survenue entre les ouvriers civils employés aux terrassements. Des gens sans aveu se mêlaient à ces ouvriers et ralentissaient le travail. D'énergiques mesures de police eurent vite raison de ces agitations.

Le mouvement du 4 septembre, ce foudroyant désaveu de Sedan, s'accomplit à Paris sans que l'autorité du commandant de Gennevilliers fût compromise ou hésitante.

Le 7, un ordre du général Trochu envoyait aux ouvrages de Gennevilliers six cents mobiles parisiens, venant du camp de Saint-Maur, et ces jeunes fous apprirent bientôt à respecter leur nouveau chef.

Mais l'heure de l'investissement allait

sonner : le 12, le gouverneur de Paris télégraphiait à tous les forts : « L'ennemi approche, complétez vos dispositions! »

Le 15, nouvelle exhortation : « Tenez-vous prêts et veillez de plus en plus! »

Le 16, dépêche relative aux ponts : « L'ingénieur du chemin de fer d'Argenteuil fera, en temps utile, sauter le pont de cette ligne. Achevez de brûler le pont d'Argenteuil... »

Le commandant Zéler dut répondre en annonçant : 1° que les piliers de ce pont auraient dû être détruits ; 2° que le pont du chemin de fer avait bien des fils pour sauter, mais que l'ingénieur chargé de l'exécution était resté à Paris ; 3° que, malgré les efforts du génie, la redoute de Gennevilliers était inachevée et intenable : pas de casemates, de poudrières ni de magasins de vivres!...

Le 18, suprême appel : l'ennemi n'est

plus qu'à une journée de marche : « Tout le monde à son poste et à son devoir ! » écrit le général Trochu.

Enfin, le 19 septembre, le drame commence.

Le maire d'Argenteuil donne l'alarme au commandant de Gennevilliers :

« J'arrive à l'instant de Cormeilles ; j'ai vu défiler un régiment de uhlans.

« J'ai pu arriver avant eux à Argenteuil ; ils sont sur la route. D'après mes prévisions, ils passeront la nuit ici.

« Bien à vous et en hâte.

« ALKER. »

Le commandant recevait, en même temps, cet ordre de Saint-Denis :

« Disposez les troupes pour s'opposer au passage de la rivière. Inquiétez l'ennemi par des feux d'infanterie s'il paraissait en nombre sur les berges de la rive droite. Ne pas s'émouvoir si la batterie de Saint-Ouen tire au-dessus de vous. Me faire prévenir s'il y a du nouveau. »

On sait que les Prussiens opérèrent sur Châtillon et l'occupèrent.

A la suite de ce premier échec des assiégés, ce même 19 septembre, à six heures dix-neuf minutes, le gouverneur de Paris télégraphia au commandant Zéler : « Retirez-vous par le pont de Clichy avec toutes vos forces. Vous ferez ensuite sauter le pont! »

Le brave Zéler dut donc se replier.

Cette tactique, dont on usa et abusa pendant ce long siége, n'était guère dans ses habitudes! mais il fallait obéir. Il cantonna ses forces dans l'île Saint-Denis.

ILE SAINT-DENIS

Dans cette position, le commandant Zéler redouble de soins et d'habileté pour discipliner et aguerrir ses hommes. Il donne à tous, officiers et soldats, l'exemple et l'impulsion ; il leur communique cet amour du devoir dont il est animé. Il veille à leur bien-être et à leur dignité.

Comme s'il pressentait la triste influence qu'ont eue sur la défense l'ivrognerie et la débauche, il soumet aux plus stricts règlements cabarets et cantines, où il interdit la vente de l'absinthe ; il chasse les femmes de mauvaise vie et tous les visiteurs de fréquentation malsaine ; il multiplie les exercices, les corvées, les grand'gardes, les rondes, sachant que l'oisiveté déprave en campagne la vie militaire.

Le 21 septembre, il organise une reconnaissance sur Gennevilliers, composée de deux compagnies de mobiles et de lanciers.

Le 23, autre reconnaissance vers le côté nord de l'île Saint-Denis jusqu'à la pointe, au lieu dit la Ferme. De la rive droite, l'ennemi, embusqué dans un bois, dirige sur la petite troupe un feu nourri. Mais les mobiles font bonne contenance, ripostent avec vigueur et débusquent les Prussiens. Puis ils se replient par la berge, soutenus par deux compagnies de renfort. Le général de Bellemare, commandant supérieur de Saint-Denis, félicite les troupes : « Elles ont donné la preuve de ce qu'on peut attendre d'elles, bien conduites et bien commandées. C'est avec orgueil, ajoute l'ordre du jour, que le général leur témoigne sa satisfaction pour leur énergie et leur sang-froid... Que cette journée serve d'exemple et d'émulation à tous les corps de l'armée de Saint-Denis !... »

Le commandant du 13e bataillon de mobiles était M. Sallard, qui fut plus tard mortellement blessé à Epinay, homme intrépide et qui aurait rendu bien d'autres services à la défense, si la mort ne l'avait arrêté. Ç'a a été une grande perte pour ce bataillon, auquel il inspirait une grande et légitime confiance.

M. Hornse était capitaine de ce bataillon. C'est lui qui eut les honneurs de cet engagement.

Le commandant Zéler n'est pas seulement un excellent officier d'infanterie. Il montre ses aptitudes et ses connaissances à propos des engins de l'artillerie et du génie. Le 25 septembre, il fait expérimenter en sa présence les effets d'une nouvelle torpille. Il en constate et en signale les imperfections.

Puis il règle le service des lignes de défense, indique les postes de combat, etc.

Malgré la tranquillité apparente de l'ennemi, des rassemblements considérables sont signalés en arrière de Stains, de Pierrefitte, et entre Deuil et Saint-Gratien. Le commandant reçoit alors l'ordre de concentrer ses forces à la Double-Couronne, dont le commandement supérieur lui est confié (29 septembre).

On va voir qu'il était digne de ce poste d'honneur, et qu'il en comprenait toute l'importance.

LA DOUBLE-COURONNE

Voici la description sommaire que fait de cet ouvrage M. le vice-amiral baron La Roncière Le Noury :

« La Double-Couronne n'est pas, à proprement parler, un fort. C'est une ligne de fortifications ouvertes à la gorge, qui couvrent la ville de Saint-Denis et qui sont coupées par trois portes, donnant accès à la route du Havre, à la route de Calais et à la route de Gonesse ; lesquelles routes se rejoignent, à l'intérieur, à une patte d'oie, à cent mètres en arrière des fortifications. »

Ces fortifications ont un développement de 1,150 mètres et forment une demi-lune.

La Double-Couronne était reliée au fort de la Briche par un chemin couvert dominé, sur certains points, par la route du Havre, qui le longeait à 30 mètres de distance. Un fossé séparait le chemin de la route.

Ce chemin couvert se continuait à l'est de la Double-Couronne, et fut coupé par deux petites batteries de deux pièces chacune : la batterie du Crould et celle de Marville. Il s'arrêtait à la route de la Courneuve, près du fort de l'Est.

A partir de la Double-Couronne, une digue, longeant ce chemin, retenait une inondation formée des eaux du Crould et du Rouillon, et qui s'étendait jusque près de Dugny.

Les fossés des bastions étaient également inondés.

L'armement normal de la Double-Couronne était de soixante-quatorze pièces, la plupart de gros calibre, servies par l'artillerie de marine, 23e batterie, et par des auxiliaires formés pendant le siége, sous l'habile direction du brave capitaine Brimster.

Une compagnie du génie, sous les ordres du capitaine Dulauroy et aidée par des hommes de la garnison du fort, y exécutait les travaux d'art.

La Double-Couronne est une des belles défenses qui entourent Paris ; mais c'est aussi une des plus exposées, car elle est environnée de positions qui la dominent et dont les Prussiens étaient maîtres. C'est un vrai nid à boulets. Toutes les batteries ennemies ayant pour objectif ce fort, il devenait un des plus dangereux à tenir. Sans cesse visé, inquiété et atteint par les projectiles venant de tous les points de la circonférence ennemie, il fallait être constamment en éveil dans son enceinte et dans son voisinage.

Sur son front d'attaque s'élève, en effet,

la butte Pinson ; à l'est, Stains et le Bourget ; à l'ouest Deuil, Pierrefitte, Enghien, Montmorency, Sannois et Orgemont.

C'était donc certainement et absolument le plus dangereux des forts à commander.

Si aride que soit cette petite topographie, elle est nécessaire à la suite de ce *memento*.

Les premiers jours d'octobre furent consacrés à la mise en état du fort, à l'installation de ses défenseurs, à l'organisation des grand'gardes, des postes, des corvées de légumes, à la police intérieure, etc. Dans ces soins multiples, le commandant Zéler déploya autant de capacité que d'activité.

Pour bien apprécier les difficultés de cette tâche, il ne faut pas oublier que la Double-Couronne, n'étant pas close et isolée du côté de l'intérieur, communiquait avec la ville de Saint-Denis, contenait l'usine à gaz, des ateliers, des maisons que l'on transforma en casernements pour près de deux mille hommes, et pouvait être encombrée par les gens du dehors, les visiteurs, les curieux, les marchands ambulants.

La surveillance et la fermeté du commandant, ayant en outre à couvrir ses avancées, à construire ses abris, à exercer ses jeunes troupes, à assurer leur subsistance et à observer et inquiéter l'ennemi, ne devaient donc pas se relâcher un seul instant. Son journal de siége, bourré de rapports, d'ordres, de dépêches, de correspondances, est là pour attester son lourd travail et son infatigable attention de chaque jour.

Quelque laborieuse qu'ait été la mission de M. Zéler pendant ses quatre mois de commandement à la Double-Couronne, il y aurait, on le conçoit, monotonie et redondance à la raconter jour par jour.

Il suffira d'en signaler les principaux incidents. Il nous tarde, d'ailleurs, d'arriver à la date héroïque — et si glorieuse pour le commandant Zéler — du bombardement.

Le 31 octobre, — ce jour néfaste marqué par quatre deuils : capitulation de Metz, refus de l'armistice, désastre du Bourget, mouvement révolutionnaire à Paris, — l'énergie du commandant Zéler maintint dans le devoir les mobiles placés sous ses ordres : toutes les troupes qui n'étaient pas de service furent consignées, et ni le cruel épisode du Bourget, particulièrement tragique pour la garde mobile parisienne, ni les agitations de la capitale, bien faites pour exalter ces enfants des faubourgs, ne troublèrent ce jour-là la garnison disciplinée de la Double-Couronne.

L'opération du vote *oui* ou *non* y eut également lieu dans le plus grand calme.

Le 2 novembre eut lieu le remplacement du général de Bellemarre à Saint-Denis par le général Berthaud.

Ces événements de l'intérieur n'empêchaient pas le commandant du fort d'agir contre l'ennemi. Son feu inquiétait sans cesse les mouvements des Prussiens et leurs convois, circulant derrière Pierrefitte, et contournant la butte Pinson. Il dispersait leurs postes et leurs travailleurs.

Cependant les lenteurs et la monotonie de ce siége par investissement menaçaient d'énerver le moral des jeunes troupes.

Le 8 novembre, M. Zéler eut à réprimer un fait grave, et il le fit de façon à l'empêcher de se reproduire. La garnison au poste de la redoute d'Epinay laissa les Prussiens venir à elle et entretint avec eux des relations pendant une partie de la journée. Un éloquent ordre du jour du général Trochu, exprimant son indignation et sa surprise, vint rappeler officiers et soldats au sentiment de l'honneur et de la dignité, et appuyer les sévérités du commandant Zéler.

Puis, la garnison et les forts de Saint-Denis furent réunis au commandement du vice-amiral La Roncière, chef des divisions de la marine, qui donnaient des preuves si éclatantes de dévouement et des exemples si nobles d'obéissance. Le vice-amiral apprécia bien vite l'attitude ferme et fière de son subordonné à la Double-Couronne.

Or, comment l'intendance militaire encourageait-elle, à ce moment même, les bons et loyaux services du commandant ?

En lui allouant pour toute solde la somme différentielle entre le chiffre de sa pension de retraite et celui de son grade de chef de bataillon en activité.

L'intendance avouait en même temps ignorer le montant et la quotité de cette pension, et le classement exact du fort de la Double-Couronne comme place de guerre... « de 1re classe, *dit-on* » (*sic*).

Les forces confiées au commandant Zéler eurent une part glorieuse au combat d'Epinay, cette brillante mais sanglante diversion aux opérations de Champigny. Elles ramenèrent au fort des prisonniers et remirent à leur chef supérieur les armes prises sur l'ennemi.

Dans la grande attaque du Bourget, du 21 au 22 décembre, l'artillerie de la Double-Couronne appuya utilement, par son feu à longue portée, les opérations de l'armée.

Pendant la seule journée du 23, le vice-amiral échangeait sept télégrammes de jour et de nuit avec le commandant, lui fournissant des indications de tir dont celui-ci, avec intelligence et promptitude, faisait profiter ses pointeurs.

En même temps, sa vigilance constatait sur le haut de la butte Pinson des signaux lumineux auxquels il était immédiatement répondu, par des feux analogues, d'une maison de la rue de Paris.

Cet échange de signaux fut surpris par lui à différentes dates.

Il prévint aussi l'amiral que, chaque fois qu'une sortie de nos troupes devait s'effectuer le soir, il avait remarqué ainsi des feux de signaux partant de Saint-Denis.

Plusieurs officiers de la Double-Couronne corroborèrent, par leurs observations personnelles, ces importants renseignements.

Aux derniers jours de décembre, le

bombardement commençait à l'est. Le commandant Zéler y vit un avertissement pour les autres fronts de la défense. Aussi redoubla-t-il d'activité et de prévoyance.

Dès le 27, il réclamait onze pièces pour regarnir son front face à la butte Pinson; puis il sollicitait des appareils électriques plus puissants pour fouiller les positions ennemies; il vérifiait l'état de ses pompes à incendie, sa réserve de pétrole, ses blindages, ses abris, ses poudrières, le service médical de son ambulance. Il tenait en haleine les grand'gardes, les postes, soignait plus que jamais le bien-être des soldats, et savait à merveille soutenir ou relever leur moral.

Le 1er janvier 1871, la sinistre voix des Krupp annonçait l'année nouvelle à l'est et au sud de Paris épuisé, mais non découragé. Aussi le commandant, avec un triste sentiment des convenances, interdisait dans l'enceinte de la Double-Couronne les aubades et les fanfares en usage ce jour-là.

Mais il faut bien l'avouer : les mobiles parisiens, habitués à fêter le jour de l'an, ne partageaient guère les angoisses patriotiques de M. Zéler. Malgré la gravité des circonstances, on dut leur accorder des permissions et des sorties qu'ils prolongèrent sans scrupules... Le 2 janvier, sept cent quarante-trois hommes manquaient dans un seul bataillon, et le service des avant-postes en devenait impossible !

Ces infractions au devoir qui sont, devant l'ennemi, des défaillances d'honneur, menaçaient, dans ces derniers jours de la défense, de tourner à la rébellion. On ne saurait assez tenir compte au chef supérieur de ces écervelés, de la vigueur, de l'habileté, du tact qu'il dut montrer pour que son autorité ne succombât pas. Trop d'officiers même de cette troupe fantasque donnaient l'exemple de l'insubordination !

Ne faisant pas aux Prussiens l'injure de croire qu'ils ne voudront employer d'autres moyens de nous réduire que la canonnade et la famine, le commandant prend, dès le 7 janvier, ses précautions pour l'attaque de vive force et l'assaut furieux !...

A chaque corps sous ses ordres, il désigne son poste et montre dans ces dispositions ses connaissances techniques et ses facultés militaires.

Le 15 janvier, le commandant complète ses préparatifs en vue du bombardement.

L'attitude de l'ennemi à la butte Pinson, à Villetaneuse, sur tous les points qui dominent la Double-Couronne, ses mouvements de troupes, ses transports, ses travaux visibles à l'œil nu, tout présage le terrible épilogue.

Détail pittoresque et qui se détache d'une façon émouvante sur ce sombre tableau : à ce moment-là, l'administration des postes attendait des chiens, la plupart chiens de berger, porteurs de dépêches ! Le préfet de police avisait en conséquence les avant-postes, les forts et les secteurs : il recommandait de ne pas tuer ces braves messagers, de ne pas les pourchasser, mais de les laisser retourner librement chez leurs maîtres... Mais les pauvres chiens n'arrivèrent pas, détournés ou étranglés sans doute par les loups prussiens !

Le 20 janvier, derniers ordres, derniers travaux, dernières dépêches à l'amiral et au ministre de la guerre. Le commandant Zéler ne semble plus qu'attendre les trois coups... du bombardement.

Les abris sont encore vérifiés. Il y a des caves pour 400 hommes, des voûtes pour 200. L'ambulance, avec trente lits, est dans un de ces souls-sols. Les guetteurs seuls seront à découvert aux barricades et aux palissades.

Il y a, en munitions, 176 coups par chaque pièce de gros calibre et 800 litres de pétrole.

L'effectif de l'artillerie a été renforcé. Mais, au désespoir de Zéler, plusieurs embrasures sont encore privées de pièces rayées....

Du côté de l'ennemi, pendant la nuit, bruit continu de voitures, de chariots, de tambours : c'est une concentration sur Pierrefitte....

Le lendemain, 21, la Double-Couronne était bombardée !

LE BOMBARDEMENT

21 JANVIER

A huit heures et demie du matin, les Prussiens ouvraient leur feu sur les ouvrages du nord.

Le fort de la Double-Couronne était battu de front par les batteries allemandes de la butte Pinson et de Pierrefitte.

Ses courtines étaient enfilées par les batteries de Stains et du Bourget, à l'est, et par celles d'Enghien, d'Épinay et de Montmorency, à l'ouest.

C'était un ensemble de neuf feux croisés.

Au premier roulement des canons ennemis, le vice-amiral envoyait cette dépêche :

— « Êtes-vous bombardé?...

— « Oui, amiral. »

Et tout d'abord les troupes de garde aux divers postes éprouvèrent une émotion telle, que, sans regarder au péril ni aux prescriptions qui défendent à un commandant de place d'être téméraire, M. Zéler se montra à découvert pour ranimer ses hommes défaillants.

Aussitôt deux obus prussiens, deux Krupp, jaloux de rendre les honneurs militaires au commandant supérieur, s'abattirent près de lui et lui firent de leurs éclats des plaies contuses aux deux jambes et des blessures à deux doigts de la main droite, étendue pour exhorter les timides!

Le commandant se fit tranquillement panser, puis continua de pourvoir à tout, de donner l'exemple du vrai courage et de raffermir sa garnison. Il ne consigna pas même dans son journal cet honorable incident.

Qu'était-ce que cela pour un ancien soldat d'Afrique, de Crimée et d'Italie?

Cependant, la pluie de fer et de feu redoublait : il y eut huit blessés, dont une femme, qui succomba à ses blessures.

Un seul projectile creux, tombé à midi sur l'abri n° 3, écrasa le blindage, pénétra dans la chambre, et, par sa chute, blessa cinq hommes... Un caporal, Fournier, se précipita aussitôt sur ce projectile, le saisit et le porta dans l'eau avant qu'il eût éclaté. On voit que le sangfroid du commandant donnait de l'émulation !

Vers quatre heures du soir, en plein feu, le général Trochu, accompagné du vice-amiral et du prince Bibesco, son aide de camp, entrait à la Double-Couronne, et visitait les points les plus menacés. .

« Le gouverneur, raconte le baron de La Roncière, montra là, de nouveau, le courage qu'il avait déjà montré à Avron, à Rosny, à Champigny, à Montrouge et sur les remparts de Paris. Il alla jusqu'à une témérité que ne peuvent expliquer peut-être que les événements qui se passaient au même instant à l'Hôtel-de-Ville.

Ces événements étaient le remplacement de M. Trochu par le général Vinoy dans le commandement en chef, mesure que l'insuccès de Buzenval imposa au gouvernement.

A sept heures du soir, le fort de la Double-Couronne respirait un peu : il avait échangé 900 projectiles contre 1,100.

La nuit venue, on releva les gardes, on répara quelques avaries... mais la trêve fut courte.

Profitant aussi de l'obscurité, l'ennemi prenait naturellement possession des retranchements qu'avaient dû abandonner les postes avancés. Il y établit des batteries volantes qui tirèrent sur les embrasures avec des boîtes à balles.

Telle fut la première journée.

22 JANVIER

Le commandant Zéler, qui ne se couchait plus, est toujours sur pied.

Le danger est son élément. Il est gai.

Il télégraphie à son voisin du fort de La Briche :

« Comment vous portez-vous aujourd'hui? Avez-vous été fortement endommagé? Bonne poignée de main! »

Entre gens bien élevés, le bombardement n'empêche pas la politesse.

Cette seconde journée est rude.

Le fort reçoit des voitures d'ambulance, des brancards, des cacolets. On en profite pour évacuer les blessés. Trois médecins civils, requis pour aider le chirurgien militaire, s'installent courageusement à l'ambulance de combat.

Ce sont MM. Fouris (Jean), Regnault (Albert) et Labuze (Justin).

Au reste, tous les chefs de service sont à leur poste d'honneur et rivalisent de courage, électrisés par leur supérieur.

L'aumônier du fort est seul absent, malade et bloqué par les obus dans la cave de sa maison. Il en gémit et s'excuse.

Pas de morts, mais quinze blessés du 135e, déjà si éprouvé. Treize sont atteints, comme la veille, par un obus qui pénètre dans une casemate de la poudrière. Plusieurs amputations sont nécessaires.

L'intrépide capitaine d'artillerie Brimster, un Breton, défie un bombardement intense de vingt-quatre heures. Il évalue, en moyenne, les projectiles de l'ennemi à trois par minute : tout le développement du fort en est criblé.

C'est un total de 3,800. Il ne répond à cette avalanche que par 50 coups bien pointés. Du reste, la Double-Couronne ne pouvait répondre que par un coup de canon à quatre que lui envoyait l'ennemi. C'était donc une lutte où nous ne pouvions combattre qu'à un contre quatre, à *vingt-cinq pour cent*, pour nous servir d'une locution commerciale.

Deux pièces sont détériorées; des embrasures, une plate-forme et la barricade de la porte de l'Est sont détruites.

A six heures du soir, un incendie se déclare dans le magasin du génie. Les conduites d'eau sont gelées; mais le vent ne s'en mêle pas, les sacs à terre donnent au feu peu d'aliments et les bâtiments de l'artillerie sont préservés.

A la nuit, des éclaireurs prussiens osent s'avancer jusqu'à 400 mètres des glacis; la lumière électrique les signale à des tireurs de choix bien embusqués.

Le commandant adresse à l'amiral un rapport général de la journée...

Et, ce 22 janvier, tandis que nos forts

bravaient les Prussiens et soutenaient l'honneur de Paris, une poignée de misérables avaient l'infamie d'essayer encore une insurrection sur la place de l'Hôtel-de-Ville !...

23 JANVIER

Même situation, même attitude... La Double-Couronne se maintient sous l'impulsion de son chef.

Voici, à ce jour, le personnel du fort, d'où les mobiles ont été retirés, vu leur peu de solidité au feu d'artillerie.

Génie : 2 officiers, 32 hommes.

Artillerie : 3 officiers, 165 servants.

Infanterie : 24 officiers, 650 hommes (135e).

Etat-major : 3 officiers.

Portiers-consignes : 3 hommes.

En tout : 32 officiers et 850 soldats.

Le bombardement est toujours violent ;

nos pièces de marine y répondent avec une admirable précision et éteignent une batterie de la butte Pinson. Mais le capitaine Brimster voit son lieutenant auxiliaire Mendousse, élève de l'École polytechnique, frappé à mort, et son premier lieutenant Petiot grièvement blessé, tandis qu'il vérifiait le pointage. Il reste seul à la tête de toutes les batteries.

L'ennemi veut établir des pièces à Villetaneuse ; un seul de nos canons suffit à interrompre ces travaux.

1,500 obus reçus et 192 envoyés à coups sûrs, par bordées.

Un service d'éclaireurs est organisé par M. Zéler, en avant des trois portes du fort, dont les ponts-levis restent baissés pour atténuer les dégâts.

Un rapport sommaire de la journée est envoyé, sur son ordre, au général Vinoy.

Au plus fort de cette tourmente, le commandant Zéler a toujours le mot pour rire.

Il écrit au colonel Taffanel, du fort de la Briche : « Ne ferez-vous donc pas parler *Joséphine* sur la butte Pinson ? »

Réponse sur le même ton : « Ma bonne *Joséphine* ne découvre rien ; elle attend un temps plus clair... Bien des choses chez vous, et à bientôt j'espère. »

Voilà la belle insouciance des vrais soldats français.

24 JANVIER

Quatrième journée. — La Double-Couronne a déjà été gratifiée de 5,000 projectiles ; mais elle ménage ses munitions.

L'ennemi a ralenti la nuit, mais continue au jour « son feu d'enfer. »

L'infatigable Brimster seconde au mieux le commandant. Il communique à ses artilleurs son superbe sang-froid. Il réclame pour lui... cinq canons de gros calibre et des canonniers ; pour son lieutenant blessé, la croix d'honneur.

Il a employé la nuit à réparer ses batteries.

Comme la veille, elles répondent encore par bordées furieuses aux Krupp allemands, dont le tir gagne en précision. Nos canonniers restent en permanence à leurs bastions.

Trois tués, cinq blessés, et parmi eux le lieutenant Verrier, pointeur émérite; deux affûts brisés, l'usine à gaz et plusieurs maisons écrasées, le pont de la porte ouest mis hors de service, un second incendie : voilà le bilan du 24.

L'ennemi travaille dans nos anciennes tranchées et devient silencieux... Se prépare-t-il à une attaque ?

« Des canons ! des munitions ! des artilleurs ! » est le cri que poussent de concert les deux vaillants défenseurs du fort, Zéler et Brimster.

« Tout va bien!... écrit le commandant, mais que *Joséphine* de la Briche est donc silencieuse! Ne pourrait-elle bavarder un brin? »

25 JANVIER.

Les défenseurs de la Double-Couronne étaient aux prises avec l'eau en même temps qu'avec le feu.

Une des grandes préoccupations du commandant était la surveillance incessante du bâtardeau, dont la digue rompue eût inondé Saint-Denis.

L'eau des fossés du fort et celle du barrage étaient gelées. Il fallait procéder la nuit à briser la glace dans ces fossés et le long de la digue. C'était, pour les corvées du génie et de la garnison, un service aussi pénible que dangereux.

De plus, les obus ennemis tombant sur la glace, la broyaient et lançaient de nombreux morceaux faisant mitraille.

Dans la nuit, les Prussiens... toujours magnanimes! avaient tiré de préférence sur Saint-Denis et la Chapelle.

Mais dès sept heures du matin le combat d'artillerie reprenait avec la même violence entre le fort et les neuf batteries allemandes.

Tout en répondant aux Krupp, nos canons tiraient aussi à mitraille sur les tranchées du chemin de fer, désormais au pouvoir de l'ennemi, et détruisaient sa barricade de la route de Pierrefite. 207 coups isolés ou par bordées répondirent crânement aux prodigalités prussiennes.

Des artilleurs auxiliaires de la garde nationale furent envoyés au capitaine Brimster, et s'honorèrent par leur courageuse attitude.

Des voitures chargées de projectiles arrivèrent aussi, à travers les obus ennemis.

Cinq affûts furent brisés, une pièce de marine désemparée pendant sa mise en batterie, plusieurs épaulements enfoncés.

Le soir, dans son rapport quotidien au général Vinoy, le commandant supérieur se plaignit à bon droit du silence de l'*Officiel* sur la belle défense de la Double-Couronne. Ce n'était point coquetterie de sa part : il faisait remarquer avec beaucoup de dignité que cet oublieux silence affligeait son héroïque personnel.

26 JANVIER

Dernier jour. — Pendant toute la nuit, on avait déchargé onze voitures d'obus de 12, réparé les abris et les épaulements, etc.

A la reprise du feu, le lieutenant d'artillerie Le Tallec a deux doigts emportés.

Le sous-lieutenant Humbert est aussi blessé... Cela fait, depuis le 21, cinq officiers d'artillerie frappés, sur six. Seul, le capitaine Brimster, qui n'a cessé de défier la mort, est resté invulnérable.

Deux soldats du valeureux 135e, colonel Boisdenemetz, sont tués, et sept autres gravement blessés dans un abri : c'est le troisième sinistre de ce genre.

Leurs camarades sont affolés, et le commandant Zéler demande deux compagnies de soutien, qui n'aient pas été sous l'impression du feu terrible supporté par sa garnison : en cas d'attaque de l'ennemi, il ne pourrait entraîner au combat ses hommes consternés.

Les abris sont tous abandonnés, la poudrière est menacée, les piliers des portes détruits, les bastions entamés, l'usine à gaz anéantie. Les projectiles enfilent de toutes parts la forteresse.

Mais laissons, sur cette dernière journée, la parole à M. le baron de La Roncière :

« A la *Double-Couronne*, plusieurs abris, d'une épaisseur insuffisante, doivent être abandonnés. Ils sont traversés par les obus et présentent ainsi un grand danger pour les hommes non de service qui y sont accumulés ; ses poudrières commencent à être menacées.

« Dans la journée du 26, le séjour des courtines et des bastions devient de plus en plus impossible. Néanmoins, les matelots canonniers, les artilleurs de la marine et quelques artilleurs de la garde nationale s'y maintiennent vaillamment et continuent le feu... Le commandant supérieur du fort, le chef de bataillon Zéler, donne l'exemple d'un stoïque courage ! »

Rien à ajouter, n'est-ce pas ?

Tel fut le bombardement de six jours à la Double-Couronne.

Commencé le 21 janvier à huit heures et demie du matin, il ne cessa que le 26 à minuit, par suite de l'armistice.

Cent hommes de tous grades avaient été tués ou blessés en ces six jours.

Le chiffre total des projectiles reçus fut d'environ... *vingt-deux mille.*

Il y eut *neuf* pièces de gros calibre hors de service, par suite des projectiles reçus — coups d'embrasures — les Prussiens ne cherchant qu'à démonter nos pièces. On compta aussi quatorze voitures et onze affûts mis également hors de service.

Et l'*Officiel* était muet sur cet épisode de la défense générale!

Pourtant, de leur côté, les Prussiens avaient beaucoup souffert des feux de bordées, lancés de 25 pièces à la fois... Ils le firent bien voir, après l'armistice, par leur façon peu courtoise de prendre possession de la Double-Couronne démantelée, mais encore menaçante.

Juste et digne de sa mission, soucieux de son devoir jusqu'à la dernière minute, le commandant Zéler avait dressé, le 26, sous le feu même de l'ennemi, la liste des officiers, sous-officiers et soldats qui s'étaient signalés par leur belle conduite dans ce long siége et ces six terribles jours.

Il adressa à ses chefs cette noble liste qui contenait les propositions suivantes :

La croix d'officier pour le brave Brimster ;

Le grade de lieutenant-colonel pour le commandant du 135e, Terson de Paleville ;

Le grade de commandant pour le capitaine du génie Dulauroy, plein d'énergie et de sangfroid ;

Trois promotions de sous-officiers au grade de sous-lieutenant;

Dix croix de chevaliers de la Légion d'honneur;

Vingt médailles militaires.

Un seul nom manquait à cette liste... celui du commandant supérieur Charles Zéler...

Il est peu probable que son illustre chef, le vice-amiral de La Roncière Le Noury, qui se connaît si bien aux vertus militaires, n'ait pas ajouté et souligné ce nom et réclamé pour lui ou le grade de lieutenant-colonel ou la croix de commandeur....

Mais il paraît que M. le ministre de la guerre n'a pas retenu ce nom....

Sic vos non vobis!

L'ARMISTICE

« *Le général Vinoy*
aux Commandants de tous les forts

« 26 Janvier, 9 h. 35 m. du soir.

« Suspension d'armes à minuit.

« Cessez le feu sur toute la ligne.

« Exécutez rigoureusement cet ordre. »

En vertu de cette dépêche, M. le baron La Roncière, dans son livre sur *la Marine au Siége de Paris,* dit avec mélancolie :

« A minuit précis, tout bruit cesse autour de Paris, vaincu par la famine! »

Le 27, un silence morne et désespéré régnait sur toute la ligne des forts.

M. Jules Favre négociait, à Versailles, la reddition de Paris, condition de l'armistice.

Les commandants supérieurs de tous les ouvrages, réunis au ministère de la guerre, apprenaient avec douleur qu'ils devaient remettre aux Prussiens ces forteresses confiées à leur courage et à leur honneur!

Aux avancées et aux palissades, l'ennemi, heureux sinon fier de son succès à distance, osait enfin s'approcher, enhardi par la suspension d'armes, et cherchait à nouer des relations avec nos soldats.

Le commandant Zéler mit ordre à ces désirs de fraterniser. Il donna pour consigne expresse aux officiers de garde d'éloigner ces Allemands trop familiers, de leur faire entendre qu'ils devaient rester dans leurs positions, et qu'aucun rapport sympathique ne pouvait s'établir entre eux et nous.

Le 28, obéissant aux ordres supérieurs, le commandant de la Double-Couronne veillait aux préparatifs de l'évacuation ; les canons ne devaient pas être descendus de leurs affûts ; les bastions devaient être laissés exactement dans le même état qu'avant la suspension des hostilités. Bref, il fallait livrer l'armement des forts intact et complet ! La faculté de ravitaillement n'était obtenue qu'à ce prix.

M. Zéler fit aussi couper, sous ses yeux, les fils des torpilles pour écarter tout danger d'explosion… La grande prudence allemande exigeait ces garanties.

Le commandant exécutait tout cela, la tête basse et la rage au cœur.

Sa vaillance avait espéré un autre dénoûment. Il était venu là pour vaincre ou périr dans un assaut grandiose, selon les vieilles traditions de la France guerrière.

Et il lui fallait, de ses propres mains, détruire les engins de résistance amoureusement multipliés, amener le pavillon,

naire aux Prussiens un chemin facile et sûr, à travers les ruines qui étaient leur ouvrage !

Il regrettait le bombardement et ses horreurs, car il était là dans son élément.

On lui épargna, du moins, la douleur de rendre lui-même la Double-Couronne aux Prussiens insolents.

Après avoir, dans un ordre du jour, dit adieu à ses compagnons d'armes et rendu à leur vaillant concours un hommage mérité, il s'éloigna les larmes aux yeux.

L'ennemi ne trouva, pour la reddition, que le capitaine de place, les gardes du génie et de l'artillerie, et les portiers-consignes.

C'était le 29 janvier !

Pour en finir avec ce poignant épilogue du siége de Paris, on ne peut mieux faire que de reproduire les dernières impressions du vice-amiral La Roncière, commandant supérieur de la défense des forts :

« Il n'a pas dépendu de tant de braves que leurs forts restassent inviolés !...

« Aucun de ces forts n'est, en effet, réduit par la force ; leur feu n'est pas interrompu. Ils sont encore largement approvisionnés.

« Leurs défenseurs ne succombent que parce que Paris meurt de faim...

« Ces nobles défenseurs ont donc droit à *tous les égards de leurs chefs*, comme à l'estime de leurs adversaires ! »

APRÈS LA GUERRE

APRÈS LA GUERRE

Eh bien! il reste à dire quels *égards* ont récompensé le digne commandant Zéler et quelques-uns de ses vaillants compagnons.

Il est évident, après cette minutieuse et véridique déposition d'un témoin, que cet officier a surabondamment rempli tous les devoirs prescrits par le sévère décret qui règle la défense des places de guerre.

Mais ce décret impose aussi des obligations à l'autorité militaire supérieure, envers l'officier commandant une place :

« Art. 264. — Tout officier qui a perdu

la place dont le commandement lui était confié, justifie de sa conduite devant un conseil d'enquête.

« Art. 267. — Le conseil d'enquête donne son avis motivé... en indiquant ce qui, dans la défense, lui paraît mériter l'éloge ou le blâme.

« Art. 257. —Tout officier commandant une place qui.... suivant la déclaration du conseil d'enquête, ne l'aura rendue qu'après l'avoir énergiquement défendue, en homme d'honneur et en Français fidèle, sera présenté au chef de l'État par le ministre de la guerre, pour recevoir, en présence des troupes, la récompense due à ses services. »

Malgré ces textes formels, il n'y a pas eu, pour des motifs politiques, enquête sur la reddition de la Double-Couronne ni des autres défenses de Paris.

Le conseil a décliné sa compétence à émettre un avis sur ces redditions faites par ordre du gouvernement.

Il semblait alors de toute équité que la conduite reconnue digne d'éloges du commandant Zéler ne perdît pas le bénéfice qu'elle devait tirer d'une enquête.

C'était au ministre de la guerre à appliquer néanmoins l'article 257, dans son esprit sinon dans sa lettre, en récompensant spontanément l'homme d'honneur, le patriote fidèle, et les collaborateurs dévoués et intrépides qui défendirent énergiquement — tant qu'on le leur permit — le fort de la Double-Couronne.

Or, voici tout le remercîment qu'obtint le commandant Zéler.

A la date du 28 avril 1871, le général Valazé, sous-secrétaire d'État, lui adressait la communication suivante :

« Le ministre de la guerre informe M. le

chef de bataillon Zéler, en dernier lieu commandant le fort de la Double-Couronne, que, *par suite de la suppression de ce commandement*, il est *rendu à la vie civile* et *replacé*, à compter du 1er mai prochain, *dans la position de retraite qu'il occupait avant la guerre*.

« Les droits qu'il *pourrait* avoir acquis à une augmentation de sa pension de retraite seront *examinés ultérieurement*. »

Beau style administratif, qui, traduit en français vulgaire, signifie :

« Bonhomme, vous aviez volontairement remis votre intelligence et votre sang au service de la patrie en danger, sacrifiant repos, femme, enfants, etc.

« C'est votre affaire.

« La guerre est finie, on n'a plus besoin de vous. Retournez planter vos choux, comme devant.

« Nous n'avons pas le loisir de vous

remercier ni de vous récompenser. Bon voyage ! »

Sans être exigeant et sans s'exagérer ses mérites, le bon commandant avait le droit de ne pas trouver suffisant ce congé en bonne forme.

Il alla au ministère. Là, un chef de service quelque peu rogue s'étonna, ergota, et finit par reprocher au commandant son zèle dans le service : « Il avait adressé rapports sur rapports, et donné à l'administration centrale une besogne excessive !.. »

Grief singulier, quand on connaît les obligations d'un commandant de fort, qui doit tenir un journal quotidien, noter et notifier tout ce qui se produit dans l'exercice de son commandement !

Il en appela à ses chefs directs pendant le siége : le général de Bellemarre, le vice-amiral La Roncière.

Le premier lui répondit :

« Je regrette vivement que les circonstances de la guerre ne vous aient pas laissé sous mon commandement jusqu'à la fin du siége, car j'eusse été heureux de vous faire obtenir la récompense que vous avez si justement méritée par votre énergie et votre dévouement dans les missions difficiles qui vous ont été confiées pour la défense de Saint-Denis.

« Puisse ce témoignage d'un vieux compagnon d'armes et d'un chef qui a su apprécier vos qualités et s'en servir utilement, vous permettre de réclamer à qui de droit ce qui vous est dû.

« Recevez, etc.

« Général DE BELLEMARRE.

14 Mai 1871. »

Le 27 juillet, l'amiral lui écrivait :

« Mon cher Zéler,

« En désespoir de cause, je m'adresse au général Trochu, qui était votre commandant en chef....

« Peut-être serai-je plus heureux par cette voie : il a été témoin du bombardement de Saint-Denis.

« Votre tout dévoué,

« De La Roncière Le Noury. »

Le commandant, suivant le conseil de l'amiral La Roncière Le Noury, s'adressa au général Trochu, qui lui envoya sa carte avec ces mots, écrits de sa main, et pas autre chose :

« Versailles, le 15 juillet 1871.

« Mon cher commandant, au milieu de beaucoup de travaux et de préoccupations que motivent les intérêts généraux du pays, nous voyons se déchaîner autour du gouvernement les ambitions et les compétitions avec une ardeur et dans des proportions qui rendent notre intervention à peu près impossible. Si le vice-amiral de La Roncière, votre chef pendant le siége, *renouvelle* pour vous des démarches officielles écrites, je les appuierai volontiers, car je sais que vous avez fait honorablement votre devoir. Mais il ne m'appartient pas d'en prendre l'initiative.

« Votre bien affectionné,

« Général TROCHU. »

Toujours *oublié*, il adressa une requête directe à M. de Cissey. Elle resta inutile. Pas de réponse.

Enfin il exposa la situation peu enviable qui lui était faite à M. Thiers lui-même, sollicitant « de sa haute justice.... une enquête. »

Et il ajoutait, sans autre récrimination :

« Toutes les récompenses que j'ai demandées pour mes subordonnés ont été accordées, et moi seul, qui commandais en chef, je n'ai même pas obtenu *un simple témoignage de satisfaction*...

« Ce traitement insolite semblerait engager mon honorabilité et faire suspecter mon attitude pendant le siége ! »

Voilà, en effet, ce qui émeut le commandant Zéler.

Il n'a nul souci d'ambition ni d'amour-propre ; mais, en voyant prodiguées à tant d'autres, qui n'ont pas fait leurs preuves, des faveurs et des récompenses que le jugement public n'a pas toujours ratifiées, il est atteint dans les intérêts de sa réputation, atteint dans sa fierté, atteint dans son sentiment de la justice.

Deux ans seront bientôt écoulés depuis qu'il abandonnait son riant cottage des dunes de Deauville pour défendre son pays et reprendre la rude vie des camps.

Nous sommes au mois d'août 1872, et il attend encore les égards promis, le gage d'estime dû, l'acte de justice négligé!

C'est alors qu'un témoin de sa vaillante et honorable conduite du 28 août 1870 au 29 janvier 1871, est venu à lui et, forçant sa modestie, lui a dit :

« Je déposerai pour vous dans ce procès d'honneur et de dignité.

« Et je serai si désinteressé et si véridique que je serai écouté.

« Ces notes s'adressent à vos juges naturels : à vos chefs de la défense, au ministre de la guerre, au chef de l'État, si jaloux des droits militaires.

« Mais, s'il en est besoin, elles iront au-delà!

« Elles en appelleront à cette justice nationale et suprême dont dépendent vos juges mêmes : à ce tribunal permanent où, entre la Liberté et la Vérité, siége et rend ses arrêts... l'Opinion publique! »

Tous les forts, par ordre supérieur, avaient cessé leur feu à dix heures. Vingt-cinq à trente pièces de la Double-Couronne étaient encore chargées. Le commandant se dit que tant que les Prussiens ne se tairaient pas, il continuerait son feu. Et il tint sa parole. Il envoya sa mitraille aux Prussiens. Et le bruit de cette détonation fut si formidable que l'on crut qu'un des forts se faisait sauter!

La dernière bordée de Paris, la dernière protestation de la France, fut envoyée par le fort de la Double-Couronne.

CONCLUSION

On voit donc par tout ce qui a été exécuté et préparé par le commandant et les défenseurs du fort de la *Double-Couronne*, qu'ils ont fait leur devoir d'abord, et qu'ils l'auraient rempli d'une façon plus énergique et plus périlleuse encore, si l'ennemi, au lieu de se tenir dans ses lignes d'investissement, s'était avisé de vouloir s'emparer du fort de vive force.

On avait tout préparé pour repousser l'assaut que, d'après nos traditions françaises, nous croyions imminent.

On aurait repoussé les assaillants au

prix des plus grands dangers, ou alors on serait mort, et très probablement on n'aurait succombé que sous les débris du fort!

Il est donc excessivement fâcheux, pour ceux qui étaient résolus à faire le sacrifice de leur vie à la défense du pays, que la commission d'enquête sur les capitulations, après avoir examiné la conduite de tous les commandants de places fortes, se soit justement déclarée incompétente et arrêtée devant la capitulation de Paris.

Pour l'honneur des défenseurs de Paris et l'honneur de la garnison de la Double-Couronne et de son chef en particulier, une pareille lacune est chose préjudiciable; car non-seulement on n'a pas même tenté de rendre justice à des dévouements, à des sacrifices, à des actes de valeur, mais on s'est mis dans l'impossibilité de constater, pour notre amour-propre national, s'il n'y avait pas eu pendant la dernière guerre d'autres chefs aussi résolus que le commandant Taillant, le glorieux défenseur de Phalsbourg !

Il y avait certainement d'autres soldats français aussi pénétrés de leur devoir que leur brave et digne frère d'armes, et ils ont droit de se plaindre de n'avoir pas été mis à même de recevoir le blâme ou l'éloge que leur conduite militaire avait mérité.

Au lieu de cela, on les a évincés avec un sans-gêne dédaigneux, malgré la circulaire de M. le ministre de la guerre, qui assurait qu'à toutes les réclamations justes, faites par voie hiérarchique, il serait fait droit ; on a volontairement oublié ces hommes de guerre qui ont si largement mis leur existence au service de leur pays, et on les expose, quand ils retournent dans les contrées qu'ils ont quittées pour mettre ce dévouement à l'épreuve, à rencontrer le silence ironique des uns ou le dénigrement systématique des autres.

Voilà jusqu'ici quelle a été leur récompense!

Mais s'ils avaient eu le malheur de faillir, par exemple, on n'aurait pas manqué de les déférer à un conseil de guerre!

LES PRUSSIENS

A SAINT-DENIS

L'émotion et l'indignation furent vives à Saint-Denis, quand on y sut que les Allemands allaient occuper cette courageuse ville.

On croyait que l'odieux séjour de l'ennemi devait être épargné à Saint-Denis comme à Paris.

Mais les Prussiens n'étaient pas gens à s'installer dans la Double-Couronne, attenante à la ville, en sentant si près d'eux et en laissant à elle-même une population encore armée, frémissante et surexcitée par les horreurs du bombardement !

C'eût été un acte de témérité et d'imprudence dont ces héros teutons étaient incapables.

Ils ne pénétrèrent d'abord dans l'enceinte de Saint-Denis que par petites escouades, rasant les murs, éclairant les voies et prenant possession des divers postes.

Enfin, à cinq heures du soir, ils risquaient leur entrée... triomphale, au nombre de 7,000 hommes environ, infanterie et artillerie, commandés par le prince Albert de Saxe, tambours, fifres et musique en tête.

Le général délégué s'appelait de Schwartzoff, le commandant de la place était le général von Zyclinski, et le major, M. Graser.

Les Saxons campèrent d'abord dans les

rues et sur les places, non par modération, mais par crainte.

Ils admiraient naïvement les ravages de leur farouche bombardement : Saint-Denis avait été écrasé, la cathédrale abîmée, la maison de la Légion d'honneur bouleversée.

80 pièces de Krupp avaient vomi leurs énormes projectiles sur les maisons et les monuments de chaque quartier.

Un obus avait de nouveau décapité Denis, le saint en pierre, patron de la ville.

Un autre, plus avisé, avait brisé au fronton de la sous-préfecture les armes impériales....

Ces hôtes gracieux commencèrent par réquisitionner du bois pour sept mille hommes dans cette cité qui mourait de froid : Zyclinski, entouré de dogues de l'Oural, dont il faisait sa société et son escorte, signifia au docteur Charles, conseiller municipal, faisant fonctions de maire, que si ce bois ne se trouvait pas, les Saxons brûleraient les portes et les fenêtres des habitations!

Le bois fut livré, et nos vainqueurs firent des feux de bivouac et une plantureuse cuisine pendant toute la nuit.

Puis l'ordre fut donné aux habitants d'apporter à la mairie toutes leurs armes: fusils, revolvers, sabres, *épées de francs-maçons*, etc.; plusieurs, dans leur colère silencieuse, préférèrent les briser et les jeter dans le Petit Croult.

Au bout de deux jours, les soldats campaient toujours sur les places; mais le brave Schwartzoff osa se loger à la sous-préfecture. Seulement, s'il se rendait, le soir, à cet endroit mystérieux où, bon gré malgré, tout *prussien* doit se découvrir, il n'y allait qu'à pas de loup et son grand sabre sous le bras.

Les forts rendus et des canons braqués sur la ville, les Allemands vinrent enfin loger chez l'habitant. Celui-ci devait pourvoir à tous leurs besoins et rester consigné dans sa maison de neuf heures du soir à six heures du matin. Toute relation avec Paris était interdite.

Une contribution de 850,000 fr. était imposée à la ville!

M. de Bismark daigna la réduire à 35,000 fr., acceptant en garantie trois otages, qui furent MM. Coëz, fabricant de produits chimiques, Bulot et Legrand, usiniers. Ils ne furent relâchés qu'après la ratification des préliminaires de paix par l'Assemblée.

Dans le courant de février, aux Saxons succédèrent 9,000 Prussiens de la garde royale, sous les ordres du général Von Pape. Les barons de Medem et de Mirbach administrèrent la place.

Ce major Mirbach était un bellâtre, grand séducteur de beautés... faciles.

Aussi toléra-t-il à Saint-Denis toutes les ignobles drôlesses qui accouraient de Paris vendre à la soldatesque prussienne leurs charmes internationaux.

Des limonadiers, véritables proxénètes, sans patriotisme et sans honneur, ont laissé la prostitution tenir chez eux ses assises éhontées. Ils faisaient ainsi des bénéfices qui leur permettront un jour d'être gros rentiers, de doter leurs chastes filles, de briguer l'écharpe municipale et de disserter en prudhommes sur la dignité nationale et la moralité publique!

Ce serait là une page écœurante de l'invasion, si les Français et les Françaises de cœur étaient solidaires de pareilles turpitudes.

Mais il n'en est rien, et ces êtres vils, qui trafiquent de la luxure et spéculent sur les humiliations d'un pays, n'ont point de patrie.

Les casernements ne manquaient pas à Saint-Denis ; mais c'est un article essentiel du Code militaire des Allemands de loger les officiers et les soldats chez les habitants de toute ville occupée.

Ces chefs habiles, qui font opérer leurs troupes au sifflet comme des bandes de voleurs, n'auraient garde de négliger cet excellent moyen d'espionner les gens !

L'Allemand ainsi logé vous cirera vos souliers, fera votre ménage, promènera l'enfant, sera le Werther à lourdes bottes de votre femme ou de votre fille, et vous offrira une pipe en porcelaine... Ce n'est point de sa part bon naturel ou poésie du cœur, c'est obéissance à ses supérieurs. Il s'agit de capter votre confiance, de tout voir et savoir chez vous, pour le plus grand profit de la patrie allemande !

Les Prussiens organisèrent donc à Saint-Denis un grand centre de police et d'espionnage. Ils y furent aidés par bon nombre de gens, parlant leur langue, et installés dans tout un quartier de la ville.

C'est à Saint-Denis que leurs nombreux agents secrets et mouchards commissionnés de Paris venaient faire leurs rapports.

Peu à peu l'arrogance bête de ces épais Germains se donna carrière, et ils formulèrent les plus insolentes exigences.

Mais ils rencontraient souvent des résistances courageuses : des conseillers municipaux, des commissaires de police, des prêtres, des médecins, de simples citoyens, sans être intimidés par les menaces, les violences, les arrestations, etc., surent les forcer au respect ou refuser obstinément ce qu'ils jugeaient indigne de leur caractère ou attentatoire à leur dignité.

Le docteur Charles, l'abbé Testory imposèrent à ces brutes par leur énergique attitude.

Ce dernier n'hésita pas à protester dans les journaux contre le vandalisme prussien qui profanait la cathédrale, les tombeaux et les statues des rois, mutilant ces œuvres d'art à coups de sabre. Il les força à rougir de ces brutalités et à y mettre fin.

MM. les officiers prussiens, avides de distractions, résolurent d'avoir à leur usage une troupe dramatique française.

Nous avons honte de le dire : ils la trouvèrent.

M. Larochelle, qui exploite par privilége la banlieue, avait refusé son concours avec beaucoup de fermeté. Il déclarait que parmi ses nombreux artistes il n'en découvrirait pas un qui consentît à jouer devant les envahisseurs de son pays !

Mais le directeur du petit théâtre Saint-

Pierre n'eut pas de ces scrupules patriotiques, et il faut peut-être pardonner cette platitude au manque absolu d'instruction et d'éducation d'un ancien marchand de contremarques. Il sollicita l'honneur si fièrement décliné par Larochelle, et arriva traînant après lui une troupe de poseuses, de chahuteuses, de pitres, triste rebut des bouis-bouis et des concerts borgnes. On pourrait nommer ces méprisables baladins; mais doit-on s'étonner que cette bohême n'ait aucun sens moral?

Le spectacle fini, — et quel spectacle! — les *trente quatre dames*, pensionnaires de l'honnête impresario, servaient aux délicats plaisirs des officiers prussiens... Les jolis cabotins, privés de leurs compagnes, allaient « faire la noce » avec les sergents....

Aujourd'hui, ces *artistes*, rendus à l'admiration des dilettantes de barrière, beuglent tous à l'envi des chants patriotiques, et travaillent à la revanche... en couplets!

Pendant les orgies de la Commune, les habitants de Saint-Denis purent constater *de visu* les excellents rapports des Prussiens avec la bande communarde.

Les émissaires grotesques de l'Hôtel de Ville étaient reçus avec honneur par Son Excellence von Pape, le correct gentilhomme!

C'est de Saint-Denis que vinrent des officiers allemands en habits civils pour assister, place Vendôme, au renversement de la Colonne!

Et le soir, dans les cafés de Saint-Denis, Prussiens et filles de joie burent à flot le champagne, et acclamèrent Courbet!

Il est vrai que, quand cette Commune, fumier où poussaient tous les aventuriers de l'Europe, s'effondra sous les coups vengeurs d'une armée française, les Prussiens, oubliant tout ce que les malandrins de Paris avaient fait pour leur plaire, les pourchassaient, les arrêtaient dans leurs lignes et offraient de les livrer à nos justes représailles.

Le 12 juin, Saint-Denis reçut encore de nouveaux occupants : le 6e corps, commandé par le général de Gordon, assisté du général Malachoswki et du major de Hollinck.

A peine installés, ces chefs interdisaient l'entrée de la ville à tout officier ou soldat français muni de ses armes et le séjour après neuf heures du soir.

Ils proscrivaient la vente du *Figaro*... plus sympathique pourtant à l'empire prussien qu'à la République française !

Malgré ce luxe de prohibitions, l'occupation devenait difficile : les habitants de Saint-Denis étaient à bout de résignation et se vengeaient çà et là sur des sous-officiers et des soldats... ce qui provoquait les plus sottes rigueurs : MM. les Prussiens avaient la poltronnerie farouche. Les groupes de plus de trois citoyens étaient dispersés par la force !

Il y avait des déserteurs dans la vertueuse armée de S. M. Guillaume. On rendit les habitants responsables de ces désertions !

Et le croira-t-on ? Nos envahisseurs, fort peu rassurés, trouvaient des auxiliaires de leurs représailles dans la tourbe des prostituées qui affluaient toujours à Saint-Denis ! Ces gueuses leur faisaient des dénonciations....

L'heure de la délivrance allait enfin sonner.

Dans les premiers jours de septembre, les Prussiens déménageaient, volaient et vendaient ou emportaient tout le matériel de nos forts, jusqu'aux ferrures et aux bois pourris.

Les Bavarois remplacèrent les Prussiens, en échangeant avec eux les plus fraternels horions, sans souci de la glorieuse unité allemande.

Le 20 septembre, cette lèpre allemande disparaissait au son des fifres, et aussitôt les agents des mœurs empoignaient toutes les prostituées restées à Saint-Denis et les expédiaient à Saint-Lazare.

Saint-Denis était débarrassé, et les habitants le nettoyèrent bien vite de toutes les immondices de l'invasion *...

---

* Nous avons emprunté de nombreux et utiles renseignements au dramatique recueil de M. G. Grison : *Les Départements martyrs*.

LES COLLABORATEURS

DE LA DÉFENSE

Il serait injuste, il serait ingrat de terminer cette courte relation sans mentionner les noms des militaires et des citoyens qui ont bravement, patriotiquement concouru à l'œuvre de la défense de Saint-Denis.

Il faut rendre hommage à leur dévouement, à leur courage, et c'est ce que nous nous plaisons à faire. Nommons donc :

M. de Palleville, chef de bataillon du 135e, officier de la Légion d'honneur; il était en retraite depuis plusieurs années. Il vint s'offrir aussi pour la défense du pays. Infatigable, brave et solide, il se multiplia à la Double-Couronne, et ce vétéran des armées d'Afrique, de Crimée et d'Italie, dont la poitrine était constellée des glorieuses médailles de ces campagnes, cet officier de la Légion d'honneur retourna chez lui, sans même un simple témoignage de satisfaction de la part du Gouvernement. Il eut en cela le sort de bien des hommes utiles, méritants, et qui s'étaient exposés, tandis que ceux qui employaient leur temps pendant et après le siége, à améliorer leur situation, recevaient sûrement des récompenses que les autres, occupés de répondre à l'ennemi, n'avaient pas le temps de demander !

M. Goujon, sergent du 128e de ligne, était employé comme auxiliaire au génie ; un obus lui broie sa croix sur la poitrine au moment où, apercevant des hommes affolés, il leur disait : « Allons, mes enfants, du sang-froid, cela ne mord pas! »

Le 23e bataillon de la garde nationale était commandé par M. Brunet, ancien sergent-major des voltigeurs de la garde.

M. Brunet avait quitté l'armée après la campagne d'Italie. Il était fourrier à Solferino. Nous le retrouvâmes chef de bataillon à Saint-Denis.

Animé au plus haut degré du sentiment patriotique et d'un amour ardent de la discipline, il avait parfaitement organisé ses hommes, et quand son bataillon était de garde aux postes avancés, on s'en apercevait dans le fort par leur bonne tenue et le bon ordre. Ce bataillon se fût bien battu avec les Prussiens, si ceux-ci l'avaient voulu.

Nommons aussi MM. Pagelle, maire de l'île Saint-Denis; de Plument, adjoint;

Charles Jughelaëre, aubergiste à la Double-Couronne; Desrieux, artiste dramatique, aussi bon en scène devant les spectateurs que sur le terrain où l'on voit l'ennemi; tous cœurs braves et dévoués.

Mme Jughelaëre, secondant son mari, a donné les soins les plus empressés aux blessés pendant les six jours de bombardement.

Pourquoi faut-il qu'il y ait une ombre à ce tableau? Pendant que les époux Jughelaëre prodiguaient des soins aux soldats dans l'ambulance, des misérables, oublieux des devoirs militaires et civiques que leur imposent le respect de la propriété, envahissaient leur établissement pour le piller.

On vola aussi chez M. Desrieux ses faïences, ses objets d'art, toutes ces choses enfin qui sont la fortune et la joie des hommes de goût. On découvrit le chef des pillards, mais le généreux artiste s'opposa à toute poursuite.

Hommage doit être rendu à la famille Blanc, débitants de tabac à la Double-Couronne.

Ils laissèrent leur établissement ouvert nuit et jour pendant le bombardement, ce qui a été d'un grand secours pour les combattants.

M. Vernois, avec un noble élan, mit tous ses immeubles à la disposition du commandant Zéler. Ces immeubles servirent d'abri aux chevaux de l'artillerie, de magasin aux fourrages, de casernement à la troupe.

Le directeur de l'usine à gaz, dont l'établissement fut presque détruit, montra aussi du zèle et du dévouement à la défense.

M. Fould, propriétaire, mit son parc à la disposition du commandant Zéler, ce qui permit à celui-ci de faire passer les blessés, sans trop de danger, de l'ambulance de la Double-Couronne à celle de la Légion d'honneur ; la grande rue de Saint-Denis eût été impraticable pour faire ce trajet sans accidents.

M. Bouju, du grand barrage, propriétaire de grands bâtiments servant d'usine, les mit également à la disposition du commandant. Il ne cessa, pendant tout l'investissement, d'aider de ses bons conseils les mobiles qui occupaient ses immeubles, et chercha à leur communiquer le sentiment du devoir.

M. Cliff — nous ne sommes pas sûr de l'exactitude du nom — jeune industriel américain, donna les preuves du dévouement le plus sincère à sa patrie d'adoption.

Enfin, disons, pour terminer, que la population de Saint-Denis, en général, se conduisit honorablement et bravement pendant le siége et sous la pluie de feu du bombardement. Il n'y eut aucune défaillance, et *cinquante* et quelques citoyens blessés ou tués témoignent de la fermeté et du courage de cette population.

NOTES

ET

PIÈCES DIVERSES

NOTE I.

LA CRÉATION DU RÉGIMENT DES ZOUAVES

Si les zouaves du second Empire ont hérité de la popularité et du chic de leurs aînés, ils sont loin de les avoir égalés et comme organisation de troupe et comme valeur militaire.

Le 3e bataillon de zouaves, créé en 1842 sous les ordres de Cavaignac, était un corps spécial et unique, recruté exclusivement parmi les soldats d'Afrique les plus intrépides et les plus vigoureux.

Il avait des cadres exceptionnels en officiers et en sous-officiers, et les simples fusiliers y étaient tous des hommes éprouvés, restant au service par vocation ou par goût.

On ne craignit pas d'admettre dans ce régiment d'élite des soldats tirés des compagnies de discipline et qui avaient à se refaire un honneur. On pensait avec juste raison que ceux-là ne reculceraient jamais, et seraient avides de se réhabiliter par quelque action d'éclat.

Voici un fait authentique qui prouve assez combien ce raisonnement était sensé.

Un vieux zouave, nommé Ancel, est grièvement blessé à la tête devant Milianah, cette affaire glorieuse où Abd-el-Kader, ayant reçu tous ses contingents de trente lieues à la ronde, croyait nous envelopper et nous écraser dans la plaine du Chélif.

Il va mourir, et ce n'est qu'en appuyant le doigt sur le trou de sa plaie qu'il retient la vie prête à s'échapper. Il demande le colonel ; c'était Cavaignac.

Celui-ci accourt tout ému... Dans ce temps-là, les chefs s'honoraient de vivre avec leurs hommes, de partager leurs privations et leurs dangers et de tempérer par l'affection les sévérités du commandement.

« Mon colonel, dit le zouave, pâle et anxieux, j'ai été un pas grand'chose et j'avais une honte à laver... Pensez-vous que cette mort-là puisse me rapproprier ? — Oui, mon brave ! — Eh bien ! alors, reprend le zouave réconforté et souriant, il faut m'accorder deux choses : votre main à serrer, notre drapeau à embrasser ! »

Cavaignac tend sa main qui tremble, on apporte le drapeau et le mourant le baise joyeux. Puis il jette un long regard de reconnaissance sur son chef, sur l'étendard, emblème de la patrie et de l'honneur, et, retirant brusquement son doigt de sa blessure, il meurt sans une plainte !

Voilà ce qu'étaient ces premiers zouaves.

A ce propos, il est bon de faire remarquer que le commandant Zéler a parcouru toute sa carrière militaire dans les corps d'élite : zouaves, garde républicaine, garde impériale. On en peut conclure qu'il fut toujours signalé comme un militaire de première qualité.

NOTE II

LES JOURNÉES DE JUIN 1848

Au plus fort de la lutte, Zéler n'hésita pas à s'avancer en parlementaire pour lire aux insurgés une proclamation du général Cavaignac.

Il avait franchi la barricade de la rue des Bernardins, devant le pont situé en face de l'Archevêché, et commençait sa lecture, quand un de ces insurgés cria : « Au traître ! à l'espion ! » et fut d'avis de fusiller l'audacieux visiteur. C'était le dernier jour de l'insurrection.

Zéler ne se troubla pas :

« Eh bien ! fusillez-moi ; mais je ne tarderai pas à être vengé ! »

Ce sangfroid impressionna les plus farouches.

« C'est un crâne ! » dit leur chef. Et notre capitaine fut relâché.

Alors, aussi avisé que brave, il demanda que ce chef, pour lui faire honneur, le reconduisît hors de la barricade. C'était une façon adroite d'assurer sa retraite et de la faire couvrir par l'ennemi même : pendant que le chef irait et reviendrait, Zéler aurait le temps de rejoindre sa troupe sans que les insurgés pussent se raviser et tirer sur lui.

Il revint ainsi, sain et sauf, vers les siens, qui le croyaient bien assassiné et s'apprêtaient à le venger.

*
* *

Un rapprochement :

Parmi les camarades de Zéler à la garde républicaine était le capitaine Lisbonne, père du *colonel* Lisbonne de la Commune !

M. Lisbonne père montra autant de courage que de patriotisme dans ces funestes journées.

Blessé de deux coups de feu au bras droit, à l'attaque des barricades de la Cité : « Ce n'est rien ! » dit-il ; et il continue d'entraîner ses hommes.

Mais on l'oblige à aller se faire panser. Le pansement terminé, Lisbonne s'échappe et rejoint sa compagnie : « J'avais bien dit que ce n'était rien... Allons, mes amis, en avant ! » Mais bientôt ses forces le trahissent, et il faut l'emporter sur une civière.

M. Lisbonne fut décoré pour sa belle conduite. Honnête et sincère républicain, il rentra, sous l'Empire, dans la vie civile, et tint des écritures de commerce. Désolé par la faillite de son fils au petit théâtre Saint-Antoine, il mourut de chagrin à l'hôpital ! Il s'était si bien ruiné pour cet enfant peu digne de tant de dévouement, qu'il fut inhumé dans la fosse commune !....

NOTE III

RAPPORT A L'EMPEREUR
SUR LA CRÉATION D'UN CORPS D'ÉCLAIREURS
ET D'UNE CAVALERIE DE POSITION

(Extraits.)

Ce rapport a été adressé au souverain en 1866 :

« Les éclaireurs, bien que n'étant pas appelés, comme les réserves, à assurer le gain d'une bataille, auraient pour mission, non moins importante, d'en préparer le succès.

« Une pareille arme ne peut s'improviser. On devrait donc profiter des loisirs de la paix pour cette organisation, car l'avantage restera toujours à l'armée qui, la première, aura su prendre les positions.

« Nous sommes ordinairement très mal servis par les espions. Presque toujours inintelligents, ils nous donnent de faux renseignements sur la situation de l'ennemi et sont souvent disposés à l'exagération, quand leurs rapports ne sont pas entachés de trahison.

« Cette formation permettrait de se passer de tels auxiliaires ou de pouvoir contrôler leurs récits.

« ..... Je donne succinctement le résumé des éléments devant concourir à composer ce corps spécial.

« Les régiments de nos chasseurs d'Afrique, depuis longtemps habitués aux fatigues de la guerre, seraient très aptes à ce service.

« Il serait essentiel que ces hommes fussent choisis par l'officier appelé à les commander; car il aurait tout intérêt à n'admettre que des soldats unissant, à la bravoure intelligente et éprouvée, une conduite irréprochable.

« Ces éclaireurs devant toujours précéder l'armée de plusieurs heures, seraient parfaitement montés et pourvus d'un équipement qui les allégeât le plus possible, afin qu'en avant ou en retraite, ils ne fussent nullement gênés dans leurs allures.

« Placés sous le commandement immédiat du général en chef, ces éclaireurs pourraient encore être utilisés pendant la nuit comme vedettes aux avant-postes. Gardée par ces sentinelles vigilantes, l'armée serait au moins à l'abri des surprises et, dans les cas d'attaque, le général en chef pourrait être prévenu à temps pour disposer les troupes au combat. On éviterait ainsi le désordre inséparable des prises d'armes précipitées.

« On pourrait adjoindre aux éclaireurs une cavalerie mixte comme auxiliaire, pour occuper les positions que ceux-ci relèveraient dans leur marche en avant.... »

Ce projet du commandant Zéler, qui atteste une science vraie de la guerre, et dont la réalisation nous eût épargné tant de désastres dans la dernière campagne, fut enfoui dans les cartons du cabinet impérial, et nulle réponse ne fut faite à son envoi.

NOTE IV

GENNEVILLIERS

Cette redoute, dominée par les hauteurs très voisines, eût été un véritable nid à bombes.

Le commandant Zéler en fit la remarque au maréchal Vaillant, membre du Comité de défense et de fortifications. Le maréchal ne trouva rien à répondre, sinon que cet emplacement avait été choisi sur l'indication du fameux Todleben, l'ingénieur de Sébastopol : il avait conseillé de relier par cet ouvrage le Mont-Valérien aux défenses de Saint-Denis.

Il y avait là environ 8,000 ouvriers qui se gênaient, se mutinaient, et, avant même le 4 septembre, se souciaient peu de travailler. Aussi rien ne fut prêt, et cette redoute inachevée coûta inutilement plus de 2 millions. On peut encore en voir les travaux et matériaux.

Pour défendre utilement cette vaste position

et le territoire qui l'environne, il eût fallu une brigade, et le commandant avait à peine... mille hommes !

Il avait pourtant remédié à cette insuffisance, disposant son faible effectif en postes volants qu'il surveillait lui-même.

NOTE V

L'ILE SAINT-DENIS

M. Zéler sut bien employer à la défense de cette position le peu de temps qu'il y passa. Il montra là des aptitudes militaires qui eussent fait honneur à un général. Étudiant et utilisant les dispositions de ce terrain, il s'y établit solidement, s'y couvrit de tranchées, de palissades, et traça un excellent front de défense du côté de l'ennemi : sa droite et sa gauche couvertes par deux usines, son centre en arrière, crénelé sur tout son développement, et sa ligne de retraite assurée par des brèches et des cheminements. Les Prussiens ne pouvaient venir que par la route. Mais ils l'eussent trouvée barricadée et prise en écharpe par des feux abrités. Aussi ne vinrent-ils pas.

Le commandant avait l'ordre de faire sauter le pont qui relie l'île à la plaine. Il prépara cette destruction ; mais, la jugeant inutile, il répondit sur sa tête de la position, démontra qu'il aurait toujours le temps et le moyen de couper le pont, s'il en était besoin, et il réussit ainsi à le sauver. C'est le seul pont des approches de Paris qui n'a pas été détruit. Les habitants de l'île en sont encore reconnaissants au commandant.

NOTE VI

LE CAPITAINE MATUZEWICH

Parmi les officiers sous ses ordres, M. Zéler trouva ce Polonais, qui devait être un des chefs les moins incapables de la cohue armée des communards.

Dans l'île Saint-Denis, Matuzewich préludait déjà au rôle qu'il joua après le 18 mars.

Indiscipliné, indiscret, mettant le commandant supérieur en suspicion, se vantant de ses liaisons révolutionnaires avec Delescluze, Rochefort, Félix Pyat, il essayait de se donner de l'importance ; tantôt il interrogeait, il conseillait, il stimulait son chef, tantôt il le surveillait, le menaçait et exaltait ses compagnons.

Il avait fini par insurger toute sa compagnie, et faisait mine de contrecarrer l'autorité du commandant et de prêcher la désobéissance.

Mais il trouva à qui parler. Le commandant Zéler était prêt à le faire fusiller pour rébellion. Il se le tint pour dit et alla porter ailleurs sa vaniteuse personne et son influence dissolvante.

NOTE VII

LES TRAVAUX DE LA DOUBLE-COURONNE

Il y avait fort à faire pour terminer l'armement de la Double-Couronne et y installer les défenseurs.

Le commandant Zéler dut déployer toute sa vigilance et suppléer souvent, de sa propre autorité, aux indications du Comité de défense. C'est ainsi qu'il fit mieux protéger ses portes, renforcer ses épaulements, augmenter l'épaisseur des remblais de la poudrière, placer utilement quantité de sacs à terre, etc.

Il n'y avait rien pour le couchage des troupes. Il fit confectionner des paillassons. Il assura également la propreté et la salubrité des casernements dans les habitations et les usines, et n'y parvint qu'à force de prescriptions et de surveillance.

Il avait solidement garni de grosses pièces

tout son front nord; mais, malgré ses protestations, on lui enleva plusieurs de ces canons de marine pour armer de petites batteries détachées et de position à la Courneuve, à Marville, etc. Il lui fallut de grands efforts pour en obtenir la restitution à l'heure du bombardement.

Il y avait 300 prisonniers militaires dans les caves de la Double-Couronne. — Une odeur pestilentielle s'en dégageait, et eût infailliblement porté le typhus dans ce pays si cette agglomération avait continué.

Grâce aux rapports et aux réclamations du commandant, ces 300 hommes furent transférés dans le Dépôt de la Mendicité de Saint-Denis, établissement parfaitement approprié à ces circonstances.

NOTE VIII

RELATIONS AVEC L'INTÉRIEUR DE SAINT-DENIS

La Double-Couronne n'étant pas un fort isolé, mais seulement le front fortifié de Saint-Denis, attenant à l'intérieur de la ville, il en résultait des difficultés journalières. Il fallait une vigoureuse autorité pour éloigner les intrus, séparer la garnison de tout contact et refuser la sortie ou la rentrée aux rôdeurs, maraudeurs, etc.

Cela donna lieu à divers incidents où le commandant Zéler dut se montrer énergique.

Le 18 octobre, la Double-Couronne est envahie par un nombre considérable de gardes nationaux, qui, sous prétexte d'aller aux légumes, encombrent les abords des portes.

Le 20, autre détachement de gardes nationaux, commandés par un des lieutenants de Fonvielle, qui en était le colonel, et venant se placer devant la porte de Gonesse, ayant l'ordre, disent-ils, d'arrêter les voitures chargées de légumes. Cet ordre prétendu n'émanant pas de l'autorité militaire supérieure, le commandant de la Double-Couronne enjoint au lieutenant de rassembler sa troupe et de se retirer.

Chef et soldats étaient très exaltés ; il fallut, pour les renvoyer, faire appel aux hommes de piquet. Ils partirent enfin, avec des menaces, du tumulte, et en vociférant : « Vive la République ! »

Le 25 octobre, c'est le commissaire de Saint-Denis, un nouveau fonctionnaire, qui vient dans le bureau du commandant, et force celui-ci, par ses façons d'agir, à le mettre dehors. M. le commissaire était pris de boisson, et, soit trouble, soit inexpérience, il se mettait son écharpe en cravate autour du cou ! Singulier magistrat !...

En novembre, il s'établit un trafic de denrées entre la troupe et des habitants : ceux-ci se faufilent aux abords des portes pour guetter les soldats retardataires descendant de grand'garde et leur acheter des légumes : il faut faire appel à la gendarmerie pour réprimer ces abus.

La plus rigoureuse consigne était nécessaire aux trois portes de la Double-Couronne ouvertes sur l'extérieur, afin d'empêcher des espions prussiens de pénétrer dans la ville ou certains coquins d'en sortir pour aller renseigner l'ennemi.

Il fallait veiller enfin au passage des trop rares prisonniers prussiens ramenés par les issues de la Double-Couronne et exposés aux insultes dans le parcours de la fortification au centre de Saint-Denis.

NOTE IX

VOLS, DÉPRÉDATIONS, MARAUDES, ETC.

Par suite de la topographie de la Double-Couronne, du nombre d'habitations civiles, d'usines, de magasins qui en faisaient partie et s'y trouvaient contigus aux postes et aux ouvrages de défense, on comprend que les vols, les déprédations y étaient faciles et pouvaient être commis non-seulement par des hommes de la garnison, mais encore par des étrangers pénétrant dans l'enceinte.

Le commandant ne cessa de veiller au respect des propriétés et de poursuivre les auteurs de vols et de déprédations. Malgré ses plus énergiques efforts, il ne pouvait ni connaître ni empêcher tous les excès de ce genre, mais il fut impitoyable pour tous ceux qu'il apprit ou constata. Sa sévérité s'exerçait non-seulement au-dedans de la Double-Couronne, mais encore dans le périmètre extérieur, aux positions des grand'-gardes. Les voleurs et déprédateurs militaires étaient livrés sans pitié au conseil de guerre.

Un de ces faits graves fut commis dans l'usine du sieur Thompson, apprêteur au grand barrage, par un officier d'habillement de la garde mobile! Ce lieutenant fractura une porte pour soustraire des étoffes, des papiers et un livre de commerce.

La maraude, qui s'exerçait effrontément sous les vues des bastions de la Double-Couronne et la protection de ses batteries, était le grand chagrin de l'honnête commandant. Il ne pouvait guère à ce sujet qu'exprimer son indignation. Cependant il se décida à arrêter et à saisir aux portes les voitures suspectes et les gens sans aveu. Il punissait aussi rigoureusement les soldats qui partageaient ou favorisaient le maraudage. Il le dénonça dans de nombreux rapports, mais il dut s'avouer son impuissance contre cette laideur du siége.

Le 11 novembre, il signalait des cultivateurs autorisés à aller en plaine enlever leurs récoltes et ne se faisant nul scrupule de piller celles qui ne leur appartenaient pas.

Des soldats, envoyés aux légumes pour l'ordinaire de leurs compagnies, en vendaient une partie dans la plaine à des revendeurs venus de Paris.

Quatre cents voitures par jour et plus de deux mille piétons passaient ainsi par la Double-Couronne, avec permis des maires, pour aller recueillir des légumes en avant du fort.

Les denrées confisquées aux fraudeurs étaient versées aux ambulances, aux ordinaires et aux popottes d'officiers.

Les pommes de terre étaient emmagasinées comme ressource d'alimentation publique.

Les maraudeurs dépassaient souvent les avant-postes, courant ainsi des dangers et compromettant la surveillance. Plusieurs furent ainsi blessés ou pris.

NOTE X

LES MOBILES

Deux bataillons de mobiles parisiens, le 10e et le 18e, étaient placés à la Double-Couronne sous les ordres supérieurs du commandant Zéler.

Cette troupe indisciplinée appartenait aux quartiers de Belleville et Saint-Antoine... C'est assez dire de quel esprit mutin elle était animée et tout ce qu'il fallut de fermeté, de vigilance, de tempérament pour la maintenir. Le commandant y réussit mieux que d'autres chefs jusqu'au mois de janvier. A l'époque du jour de l'an, ces mobiles en permission ne voulaient plus rentrer au fort, sous prétexte qu'ils n'y faisaient rien. On leur donna une autre destination et M. Zéler s'applaudit volontiers d'être délivré d'eux, au moment du bombardement.

Il convient de grouper dans cette note les faits concernant cette garde mobile et qui prouvent combien il était difficile... et méritoire de la gouverner. Plusieurs de ses officiers donnaient aux hommes les plus mauvais exemples ou n'avaient sur eux aucune autorité.

Le casernement du 18e bataillon fut bientôt un foyer d'infection, qui compromettait la santé de la garnison : les immondices et les matières fécales y coulaient sur les murs, du toit au rez-de-chaussée !

Les gardes ne nettoyaient ni leur fourniment ni leur personne. Ils faussaient leurs armes et vidaient la poudre des cartouches pour chasser au petit plomb.

Leur grande occupation était de chercher des légumes et de détourner des denrées pour en faire de l'argent et s'amuser en ville.

A diverses reprises, officiers ou soldats abandonnaient leurs postes; les chemins couverts, les avancées, quittaient la nuit la ligne de défense pour s'abriter dans des maisons ou rentraient sans être relevés.

Plusieurs fois, aux grand'gardes, ils eurent des rapports avec l'ennemi : des soldats prussiens venaient lier conversation et on ne les faisait pas prisonniers. Un capitaine acceptait des cigares d'officiers allemands !

La troupe mobile descendait souvent la garde en désordre, sans officiers, marmites et butins au bout des fusils et dans un état de malpropreté écœurant.

Il fallut des ordres répétés et des punitions sévères pour décider MM. les officiers à prendre logement dans la Double-Couronne.

Pour courir des bordées et déserter le service, quelques mauvais sujets s'étaient entendus avec un fripier de la rue de la Boulangerie. Ils lui louaient des vêtements civils pour aller à Paris et lui laissaient leurs uniformes en nantissement. Ce fripier leur procurait aussi des permissions fabriquées, avec cachet de la mairie. Le commandant éventa cette ruse.

Les familles de ces mobiles assiégeaient chaque jour la Double-Couronne. Les mères, tantôt suppliantes, tantôt menaçantes, réclamaient leurs fils « puisqu'on ne se battait pas. » M. Zéler dut résister à de véritables émeutes de femmes et, pour les calmer, se faire orateur de place publique...

Cependant il savait mêler la douceur à la rudesse.

Connaissant les goûts de ces gavroches, il les autorisa à improviser un théâtre et à y organiser plusieurs représentations. Il y avait dans les bataillons des artistes, des musiciens, des amateurs. Dans ces petites fêtes chères à l'esprit parisien tout se passait à merveille, et elles avaient d'excellents effets sur le moral de tous ces ex-dilettantes du boulevard du crime et des cafés-concerts.

Le commandant n'autorisait les représentations que moyennant les entrées payées par les spectateurs.

On déduisait les frais, et le reste de l'argent était consacré aux blessés de terre et de mer. De telle sorte que le spectacle avait un double but et deux bons résultats : le maintien de l'ordre par un amusement sérieux, — car on présentait préalablement les pièces au commandant, — et le soulagement des blessés.

NOTE XI

CERTIFICAT D'ORIGINE DE BLESSURES

Nous, soussignés, certifions que M. Zéler (Charles), chef de bataillon, commandant supérieur de la Double-Couronne, a été blessé le 21 janvier, pendant le bombardement du fort, de plusieurs éclats d'obus qui ont occasionné des plaies contuses aux parties antérieures des deux jambes et deux blessures aux doigts médius et indicateur de la main droite.

Fait à Saint-Denis, le 22 janvier 1871.

Le médecin aide-major,
E. THEZET.

1er Témoin,	2e Témoin,	3e Témoin,
SCHOBERT,	A. MILLIARD,	GHILLAIN,
Lieutenant-colonel.	*Capitaine.*	*Sous-Lieutenant*

VU :

Le général commandant la 2e brigade du corps d'armée de Saint-Denis,
HANRION.

Le Sous-Intendant militaire,
A. COURTOT.

Si le commandant n'eut pas les deux jambes brisées, il le dut à de grandes et fortes bottes et à un épais caban qui amortirent le choc des éclats.

NOTE XII

CLÉMENTINE QUANTIN

Une pauvre victime de la barbarie prussienne fut une demoiselle Quantin (Clémentine), de Brest, âgée de trente ans.

Compagne d'un officier d'artillerie du fort, elle avait voulu partager son danger et s'informer de lui.

La courageuse fille eut les reins brisés par les éclats d'un obus. M. Zéler la visita à l'ambulance et essaya de la consoler. Mais elle se sentait perdue et expira bientôt avec autant de courage que de résignation.

L'officier pour lequel elle mourait venait d'être lui-même grièvement blessé. Transporté à l'ambulance de la Légion d'honneur, il n'apprit que plus tard la fin tragique de sa vaillante amie : il y eût eu danger pour ses jours à l'en instruire tout de suite.

Le commandant Zéler veilla à l'inhumation de cette belle et sympathique héroïne. Un artilleur fut détaché pour suivre le corps et marquer l'emplacement de la sépulture.

NOTE XIII

LE LIEUTENANT MENDOUSSE

Le jeune officier Mendousse semblait appelé à un brillant avenir.

C'était déjà un pointeur émérite. Quelques jours avant sa cruelle mort, le commandant Zéler lui avait signalé un groupe ennemi de huit officiers montés dans le clocher de Stains, transformé par eux en observatoire. Mendousse fit aussitôt tirer sur ce clocher et pointa la pièce avec une telle précision, qu'on vit l'obus abattre une portion de ce clocher et les observateurs dégringoler en désordre.

Aussi, en apprenant le trépas glorieux de l'officier Mendousse, un *bon* prêtre ne craignit pas de dire que le doigt de Dieu était là et avait désigné cette victime aux Krupp vengeurs pour la punir d'avoir démoli un clocher consacré au Seigneur...

Quelle étrange chose que la religion ainsi comprise !

NOTE XIV

LA MAISON DU COMMANDANT

Cette maison, voisine des bastions, occupait dans l'enceinte une place très apparente. Haute de quatre étages et présentant une large surface, elle était bien en vue de l'ennemi, qui pouvait l'enfiler de tous les côtés.

Les Prussiens savaient certainement que le commandant y logeait, car ils la prirent pour cible et la criblèrent d'obus pendant le bombardement. Ils eussent voulu l'anéantir, enterrer sous ses débris le commandant installé dans les caves et l'empêcher ainsi d'en sortir et de veiller à la défense.

Quand ils prirent possession du fort, cette maison si malmenée eut leur première visite. Une distillerie en occupait les bâtiments postérieurs. Mais ils ne trouvèrent là qu'une caisse de commerce en fer, soigneusement vidée de son contenu et laissée ouverte. Cela ne les empêcha pas d'en briser l'armature, les tiroirs, à coups de crosse et de baïonnette... Était-ce dépit de ne pouvoir voler l'argent déménagé ou crainte que ce meuble ne renfermât quelque engin explosible ?

Il y avait là une masse de bouteilles remplies d'acide pour faire du sirop de groseille. Les Prussiens prirent cela pour du vin et tombèrent dessus. Je vous laisse à penser les coliques qui s'en suivirent. Aussi voulurent-ils fusiller le garçon de la maison.

NOTE XV

LES VOITURES DE PROJECTILES

L'arrivée au fort et le déchargement de ces voitures fut un des épisodes les plus mouvementés du bombardement de la Double-Couronne.

Les voitures avaient suivi le chemin le plus périlleux; elles circulaient sous la pluie de feu de l'ennemi, conduites seulement par les voituriers civils et sans une escorte militaire pour les diriger.

On ne put les décharger que la nuit, car les quatre dernières n'arrivèrent qu'à deux heures du matin.

Un conducteur fut contusionné, deux chevaux blessés, un autre rompit ses traits.

Le commandant dut faire appel aux rares habitants restés dans l'enceinte pour donner un coup de main aux travailleurs et activer cette périlleuse opération.

Malgré le danger, plusieurs braves gens, ouvriers et débitants, se présentèrent, et se mirent à l'œuvre avec beaucoup d'énergie. La présence et la voix du commandant leur donnaient du cœur.

NOTE XVI

LE 135e

Ce régiment, si maltraité dans ses abris pendant le bombardement, avait été laissé sous les ordres immédiats du commandant Zéler.

Les chefs de bataillon firent preuve de courage et soutinrent de leur mieux le moral des soldats.

Mais le 26, quand huit hommes furent du même coup mutilés par un obus éventrant leur abri, ce fut une véritable panique. Les pauvres diables se sauvaient épouvantés dans toutes les directions, ils emportaient leurs sacs, leurs armes et voulaient fuir dans la ville.

Il fallut que le commandant Zéler intervînt, au milieu d'un feu d'enfer, fît garder les passages, et arrêtât par sa vigueur et son mépris du péril cette troupe débandée.

NOTE XVII

LES GUETTEURS

Il y aurait eu, dans ce terrible bombardement, un bien plus grand nombre de victimes aux bastions, aux portes, aux palissades, si le commandant n'avait eu le soin de placer aux bons endroits des guetteurs munis de cornets à bouquin.

Ces guetteurs connaissaient les emplacements des batteries ennemies et des pièces Krupp : ils sonnaient un coup pour les petites et deux pour les grosses.

A ce signal, les hommes de service se défilaient du feu.

Par un hasard heureux, aucun de ces guetteurs si exposés ne fut atteint.

NOTE XVIII

AVANCEMENTS ET RÉCOMPENSES

Toutes les propositions d'avancements et de décorations faites par le commandant au profit de ses subordonnés furent approuvées et accordées.

On savait que la plus stricte justice les avait dictées, et que ce chef impartial était inaccessible aux influences et aux sollicitations.

En voici bien la preuve : après l'affaire d'Epinay, où périt si glorieusement le commandant Sallard, on demanda à M. Zéler une liste des récompenses qu'il jugeait méritées par ceux de ses subordonnés qui y avaient pris part.

Le commandant Zéler, qui, du bastion de son fort, avait suivi le combat et appuyé les mouvements de son artillerie, répondit au général Hanrion :

« Mon général,

« J'ai l'honneur de vous rendre compte que, depuis ma prise de commandement, les officiers, sous-officiers et soldats placés sous mes ordres n'ont fait que leur devoir, et que je n'ai rien à signaler de particulier pour mériter avancement ou décoration, n'ayant encore reçu de l'ennemi aucun projectile et n'ayant fait que lui en envoyer. »

NOTE XIX

SUR LA DÉFENSE

La belle conduite des commandants et des garnisons de nos forts est d'autant plus méritoire qu'on ne s'y faisait pas d'illusion.

Diverses communications de l'autorité supérieure et la singulière attitude de certains chefs avaient laissé trop comprendre qu'il n'y avait de ce côté ni conviction ni confiance, et que la défense de Paris serait plutôt un simulacre qu'une réalité. Elle ne semblait entreprise et conduite que pour donner une satisfaction suffisante au sentiment public.

Il faut donc savoir gré de leur dévouement et de leur fidélité au devoir à des hommes qui, malgré cette impression décourageante, ont su montrer tant d'énergie et braver ou accepter la mort !

SOUVENIRS D'ALGÉRIE

SOUVENIRS D'ALGÉRIE

Nous croyons être agréable au lecteur en racontant quelques épisodes de la vie militaire du commandant d'après les récits qu'il nous en a faits dans les rares loisirs de la *Double-Couronne*.

LE DÉPART. — LA TEMPÊTE

C'est dans l'Algérie surtout que le commandant Zéler fut à même de trouver l'emploi de ses qualités militaires.

Il partit pour l'Afrique en 1840, et s'embarqua à Toulon à bord de l'*Albatros*.

A peine était-on en mer, qu'une tempête affreuse se déchaîna dans le golfe de Lyon, et mit le navire à deux doigts de sa perte.

Le mât de misaine ne pouvant résister à l'effort du vent se cassa, et le bâtiment, entravé dans sa marche par la mâture en débris et les voiles flottant à l'aventure, oscilla un moment sur les flots comme s'il allait sombrer.

Un cri d'horreur et d'effroi s'échappa de la poi trine des soldats et des matelots.

— Nous sommes perdus ! s'écrièrent-ils.

Et de fait, ils semblaient l'être sans retour.

La situation était périlleuse, en. effet. Les feux étaient éteints. L'eau entrait en masse daus l'entrepont, et l'on se voyait couler au milieu des ténèbres.

Le découragement avait pénétré dans toutes les âmes, excepté pourtant dans celle du maître charpentier.

C'était un homme d'une force herculéenne. Voyant l'imminence du péril, il surmonte toute hésitation, et faisant le sacrifice de sa vie, il se fait attacher au bas du mât de misaine. Là, il appelle à lui un mousse.

— Prends une hache, dit-il, et reviens vers moi.

Le mousse s'avance, armé de la hache, vers le maître charpentier.

Celui-ci le saisit de ses deux bras qui étaient restés libres, l'enlève, le hisse sur ses deux épaules, et avant que le jeune homme, tout interdit, eut eu le temps de se rendre compte de rien :

— Coupe la mâture et les cordages qui pendent le long de ce mât, lui dit le maître charpentier, et tu peux nous sauver.

Le mousse obéit. Il joue de la hache avec l'ardeur que met en nous l'instinct de la conservation. Mâture et cordages tombent, et l'*Albatros*, allégé du poids qui l'empêchait de se mouvoir, reprend son aplomb et sa marche.

Cependant la tempête ne continuait pas moins de sévir.

Les tambours et l'avant du bâtiment étaient brisés, les engrenages de la machine étaient rompus.

Ce ne fut que le quatrième jour de cette terrible traversée que la tempête se calma.

Au dire des plus vieux marins de l'équipage, jamais ils n'avaient assisté à un pareil déchaînement des éléments.

Mais, l'ouragan apaisé, les suites de sa furie se faisaient sentir à bord. Les coups de mer se succédaient avec fracas, de minute en minute, contre le bord et sur le pont du bâtiment affaibl . D'énormes volumes d'eau inondaient le plancher, et les passagers ne savaient comment se tenir en équilibre dans cette marée sans cesse en mouvement.

Tout le monde s'était mis à la pompe, et il fallait, nuit et jour, y rester pour maintenir le vaisseau en équilibre.

Grâce à ce travail incessant, les hommes envoyés à Alger purent y arriver le cinquième jour, mais comme de véritables naufragés.

Beaucoup de ces passagers, tout jeunes soldats, avaient vieilli de dix ans.

EXPÉDITIONS DE 1840

En cette année eurent lieu *la prise du col de Mouzaïa, le ravitaillement de Médéah et de Milianah.*

EXPÉDITIONS DE 1841

En 1841, le général Bugeaud fut nommé gouverneur de l'Algérie, en remplacement du maréchal Vallée.

La veille du départ pour Médéah, le général forma ses troupes en carré, commanda face en arrière, se plaça au milieu d'eux, et leur fit cette brève allocution :

« Soldats,

« Vous avez des vivres pour huit jours; ne les mangez pas dans quatre, car je vous verrais souffrir. Cela me ferait de la peine, mais je ne vous en donnerais pas.

« Les munitions, la mauvaise infanterie les gaspille. Vous êtes de la bonne, vous saurez les ménager. »

Après ces paroles d'une simplicité et d'une concision si militaires, il fit rompre le carré, et chaque soldat sut dès lors à quoi s'en tenir sur le compte de son nouveau gouverneur.

Nos troupes ne tardèrent pas à s'apercevoir qu'il y avait un nouveau chef à leur tête, et les Arabes aussi.

Le général Bugeaud était plein de sollicitude pour ses hommes. Au bivouac, il avait un bon mot pour chacun d'eux. Il s'approchait des feux et prenait part à la conversation en racontant des épisodes de sa vie militaire.

La confiance en lui était telle que l'on se serait

jeté dans une fournaise, s'il en avait donné l'ordre.

Quels hommes c'étaient alors ! Tous faisaient partie de ces vieux régiments d'Afrique que commandaient des colonels tels que Cavaignac, Bedeau, Duvivier, Blangini, Leblond, Gentil, etc., etc. !

Dans la cavalerie, les chasseurs d'Afrique avaient à leur tête les Bourjolly, les Tartas, les Bourgon; les gendarmes maures étaient commandés par le capitaine d'Allonville.

A cette époque, et longtemps après, la connaissance profonde que les uns et les autres de ces chefs avaient de leurs talents militaires, de leur bravoure et de leur loyauté; l'estime réciproque dont ils s'honoraient ; le soin qu'ils avaient de leur réputation, qui faisait partie du patrimoine de l'armée en général et de leur corps en particulier; la solidarité, enfin, qui était la conséquence nécessaire de tous ces beaux et virils sentiments nés, développés, grandis à l'ombre du drapeau, dans les mêmes épreuves, les mêmes dangers subis, dans les mêmes joies et les mêmes ivresses de la victoire, tout cela formait entre ces vaillants cette fraternité des camps, cette espèce de chevalerie qui est l'honneur des armées. Officiers et soldats se connaissaient, s'appréciaient, avaient confiance les uns dans les autres, et s'aimaient par conséquent.

Le malheur ou le bonheur des uns attristait ou réjouissait les autres. Et quelle fête pour tous le jour où une récompense, bravement gagnée, était accordée à l'un d'eux! Tous ces cœurs, toutes ces poitrines ne faisaient qu'une âme pour ressentir la mâle satisfaction des hommes forts devant le mérite reconnu. Ceux qui avaient déjà reçu les honneurs dus à leurs vertus étaient bien aises de voir leurs imitateurs se rapprocher d'eux, par le grade ou la décoration. Ceux qui n'étaient pas encore en passe d'être désignés pour ces justes faveurs aspiraient à les mériter par le travail, la peine, l'observance de la discipline et l'esprit du sacrifice.

Les sollicitations personnelles, les demandes impudentes, la vantardise pour soi, le dénigrement d'autrui, les entraves apportées aux succès des camarades, étaient choses méprisées dans ce milieu guerrier, où l'intrigue et les pratiques honteuses étaient inconnues.

On était réellement des frères d'armes alors dans tout ce que ce mot contient de précis et d'héroïque, et la mère de tous ces vrais soldats était la France.

Ah! comme on était loin en ce temps-là des compétitions et des rivalités acharnées, des calculs égoïstes, des tristes habiletés et des perfidies qui devaient être, plus tard, les moyens de succès des coteries militaires!

Les *sociétés d'admiration mutuelle* n'avaient pas jeté dans les corps leurs détestables agissements, et l'officier ne *travaillait* pas lui-même et sans cesse à son avancement. Il cherchait à le mériter et se reposait sur la clairvoyance, l'impartialité et la conscience de ses chefs immédiats, sur l'équité du ministre de la guerre et sur la justice du gouvernement. Aussi l'envie et la jalousie, ces fruits malsains de l'esprit d'exclusion, ne venaient pas, comme aujourd'hui, entraver les opérations communes et détruire le zèle et l'émulation.

Mais ne nous arrêtons pas plus longtemps à ce contraste amer, et espérons que, se modifiant sous les coups de l'adversité, notre nouvelle armée retrouvera son ancien esprit.

RETOUR DE MÉDÉAH

Le corps d'expédition, au retour de Médéah, bivouaqua dans le bois des Oliviers.

Le gouverneur avait prévu que, dans cet endroit propice aux surprises, les Arabes chercheraient à dresser quelque embuscade à l'armée, et il avait fait prendre toutes les dispositions nécessaires pour que l'ennemi n'y trouvât que des troupes disposées pour le combat.

Effectivement, ce qu'avait pensé cet homme vigilant ne tarda pas à avoir lieu. Les Arabes cherchèrent à envelopper nos soldats, mais ils durent s'en repentir bien vite.

Nos hommes marchèrent sur eux, et après leur avoir tué et blessé un grand nombre des leurs et les avoir mis dans une déroute complète, ils leur firent un nombre assez considérable de prisonniers.

Malheureusement, ce succès fut attristé par la mort d'un brave officier.

Au col de Mouzaïa, M. Fallot de Brognard, capitaine d'état-major, criblé de coups de yatagan, fut rapporté mort sur un cacolet, et cette perte impressionna vivement les soldats. Ils savaient quelle sollicitude pour eux déployait dans son service ce digne et brave officier, quelle prévoyance ingénieuse il montrait pour leur ménager un peu de repos et quelques douceurs après leurs longues fatigues, et le sentiment de regret qu'ils éprouvèrent de sa mort fut aussi profond qu'unanime.

BOGAR ET TASA

Le corps d'expédition, continuant sa marche, arriva à Bogar, où se trouvaient enfermés les prisonniers français.

Bogar est situé aux confins du désert, et nos malheureux compatriotes y enduraient d'intolérables souffrances, aggravées encore par la cruauté des Arabes.

Ils mouraient littéralement de soif et de faim.

Nos soldats volaient à leur secours; mais ils

n'arrivèrent malheureusement pas à temps pour les délivrer. Abd-el-Kader, prévenu de la marche de la colonne, avait pris les devants.

Les tortures infligées aux prisonniers français augmentèrent encore d'intensité.

Sur la porte d'un cachot où étaient enfermés ces infortunés on lisait l'inscription suivante :

« Heureux celui qui peut manger du pain ! »

L'éloquence de ce cri de l'estomac n'a pas besoin d'être démontrée.

PLAINES DU CHÉLIF

Nous débouchâmes dans les plaines du Chélif. La chaleur y était intolérable. Par les longues marches que nous y faisions, la soif s'allumait d'autant plus ardemment dans nos gosiers en feu que l'eau nous manquait absolument. Le vent du désert soufflait avec violence et achevait de nous accabler.

Beaucoup d'hommes, désespérés de ne pouvoir suivre la colonne, se firent sauter la cervelle pour ne pas tomber entre les mains des Arabes.

C'étaient des hommes énergiques, et parmi eux se distinguaient ceux du 3e bataillon de zouaves dont faisait partie Zéler.

Leur réputation de bravoure était bien méritée.

Un puissant esprit de corps les retenait comme dans un cadre de dévouement et d'intrépidité, à ce point que la plus grande punition qu'on pût leur infliger consistait à les priver de faire partie d'une expédition.

En voyant le régiment faire les préparatifs qui annonçaient son départ, les fronts de ceux qui devaient rester au corps commençaient à s'assombrir; aux premiers coups de tambour donnant le signal de la marche du régimeut, ils n'y tenaient plus.

On eût dit des écoliers que l'on retenait en classe pendant que leurs camarades allaient à la promenade.

Être privé de la chance de rencontrer des Arabes, de se battre avec eux, de courir les dangers de ces luttes acharnées, de se faire peut-être trancher la tête au fil des yatagans, c'était pour ces vaillants la plus dure des peines. Aussi les hommes, à peine guéris de leurs blessures, regagnaient les rangs avec une joie sans égale, et les convalescents s'efforçaient de faire croire à leur entier rétablissement pour pouvoir marcher avec les camarades.

C'est que, franchement, ces expéditions, auxquelles l'inconnu, les aventures et le péril même donnaient une saveur toute particulière, étaient pour le soldat de bien attrayantes distractions !

Ce qui produisait un contraste intéressant dans ces colonnes de marche, c'étaient les mâles visages, les habitudes guerrières des hommes qui les composaient, et les soins affectueux, presque maternels que ces rudes soldats avaient pour leurs camarades blessés, surtout quand par le peu d'importance des blessures ils pouvaient empêcher leurs frères d'armes d'entrer à l'ambulance.

Dans les escouades, ils portaient alternativement leurs bagages, leur fourniment.

Leur première préoccupation, à l'arrivée au bivouac, était pour leurs officiers. Ils montaient les tentes de ceux-ci, allaient leur chercher du bois, de l'eau, quand le pays en avait, et toutes ces prévenances qui partaient de la seule impulsion, de l'inspiration spontanée de ces braves cœurs, les chefs les reconnaissaient par une sollicitude continuelle, propre à assurer le bien-être de leurs hommes.

Les mêmes échanges de bons procédés avaient lieu entre les différents corps.

Les plus diligents au bivouac se munissaient également de tout ce qui était nécessaire à leurs camarades des autres corps restés à l'arrière-garde.

Ils allaient au-devant des arrivants avec des bidons pleins d'eau, et ces derniers, reconnaissants de ces délicates attentions, saisissaient, à leur tour, la première occasion pour payer de réciprocité leurs frères d'armes.

Tous les régiments de cette heureuse époque avaient leur réputation et leur histoire. Chacun avait eu l'occasion de se signaler dans différentes affaires.

Les 58e, 53e, 48e, 26e, 24e, 23e de ligne; les 17e et 2e légers; tous ces valeureux régiments aimaient à reconnaître la supériorité de leur aîné, le régiment de zouaves.

Aussi, dans une colonne, quand l'arrière-garde était fortement attaquée, on envoyait souvent les zouaves vers elle pour la soutenir.

Leurs camarades des différents régiments, en les voyant passer, leur témoignaient leur satisfaction en les applaudissant, et les zouaves, sans la moindre forfanterie, mais avec le sentiment de leur force, passaient graves comme des hommes qui allaient accomplir leur devoir.

POURSUITE D'ABD-EL-KADER

Mais revenons à la poursuite d'Abd-el-Kader.

On sait que, pendant longtemps, l'armée en Afrique n'eut qu'un seul but : s'emparer de ce chef redoutable, et que toutes les opérations étaient subordonnées à celle-là.

A Aïn-Beïda, on forma, dans ce dessein, une colonne mobile, composée de chasseurs d'Afrique, de spahis et de bataillons de zouaves.

On en donna le commandement au général Yusuf.

Abd-el-Kader était à trois jours de marche de ce corps.

Le général Yusuf se doutait que notre insaisissable ennemi devait être réfugié dans la tribu des Ouled-Naïld, la plus considérable et la plus riche des tribus du désert.

Le bataillon avait à sa tête le colonel M. Ladmirault, le gouverneur actuel de Paris, et pour chef de bataillon M. Espinasse, qui fut tué plus tard à Magenta.

La colonne devait se livrer avec acharnement à la poursuite du marabout, et tous les préparatifs avaient été faits en vue de cette course sans trève.

On avait fait cuire de la viande pour trois jours.

Chaque compagnie avait reçu douze chameaux qui devaient porter les sacs des hommes, ainsi qu'un certain nombre de mulets libres, afin que le bataillon, divisé par tiers, pût monter pendant deux heures sur ces animaux, pour se reposer les jambes et y sommeiller.

Comme on ne devait pas trouver d'eau sur la route, l'approvisionnement de ce liquide fut mis dans des outres portées à dos de chameaux, à raison d'un litre par homme et par jour.

On faisait la distribution le soir, pour le café.

Et, pendant cette opération, il était curieux de voir nos hommes aux gosiers altérés comme le sable du désert, se glisser vers les outres en tendant leurs quarts sous les orifices, afin de ne pas perdre une seule des précieuses gouttes qui s'en échappaient.

La fiente de chameaux ainsi que quelques herbes sèches servaient à faire le feu nécessaire à la préparation du café.

La colonne arriva devant les Ouled-Naïld au lever du jour...

Cruelle déception !

Abd-el-Kader, que nous devions y trouver avec les siens, prévenu à temps, avait pu s'enfuir, suivi de ses cavaliers !

Ah ! comme nos soldats souffraient quand ils étaient prisonniers des lieutenants de l'émir.

Les chefs arabes faisaient conduire ces malheureux à leurs campements. Ceux qui ne pouvaient pas marcher, ils leur tranchaient la tête, et forçaient leurs compagnons de captivité à porter ces têtes dans les musettes des chevaux pour en faire trophée, le soir, en les plantant le long de leur tentes.

Les derniers prisonniers français, faits par ces farouches Kabyles, furent placés au milieu de l'alpha, et enduits de goudron, comme les chrétiens dans les jardins de Néron.

On alluma le feu sous leurs corps, et les Kabyles se mirent à danser en cercle autour d'eux comme des démons.

Les malheureux qui voulaient sortir de cette fournaise étaient ressaisis par ces misérables avec des cris de bêtes féroces, et rejetés co mme des flambeaux vivants dans ce brasier atroce.

L'ESPION ET LE TRANSFUGE

Le général Yusuf fut vivement contrarié du contre-temps qui lui avait fait manquer Abd-el-Kader; mais, en vrai soldat, il ne se découragea pas.

Il était tellement certain de la capture de l'émir, qu'il avait fait indiquer aux zouaves l'endroit où l'on devait se tenir pour entourer le fugitif.

On devait se saisir aussi, à cet endroit, de tous les Arabes qu'on rencontrerait, fussent-ils en apparence des plus misérables. On n'eut malheureusement pas cette peine.

L'insuccès du général Yusuf fut dû à la maladresse ou peut-être même à la perfidie de l'espion qui le dirigeait. Cet espion fit appuyer la colonne plus à gauche qu'il ne fallait. De là un retard, et ce retard suffit pour faire manquer Abd-el-Kader.

Le général fit reposer ses troupes pendant la journée, et, la nuit venue, elles se remirent en marche pour continuer la poursuite.

Yusuf, suivi de ses chasseurs et de ses spahis, partit en avant. On marcha toute la nuit. Le matin, au jour, le colonel Ladmirault reçut, à plusieurs reprises, du général, l'ordre d'accélérer la marche. Abd-el-Kader était en vue.

On fit prendre plusieurs fois aux zouaves le pas de course.

Les personnes qui n'ont pas vu les zouaves de cette époque pourraient s'étonner que des hommes fussent trempés de telle sorte, qu'après avoir marché pendant plusieurs jours et plusieurs nuits sans repos, ils eussent encore des ressorts assez flexibles pour courir. C'est cependant la vérité.

Le bataillon des zouaves arriva vers trois heures de l'après-midi dans une gorge ou oasis où l'on trouva de l'eau et du bois. Deux heures de repos furent accordées par le colonel. On en profita pour faire du café. On fit battre aux sergents-majors. Le colonel dit à ses hommes qu'après ce repos on laisserait dans l'oasis les hommes qui ne seraient pas en état de poursuivre la marche. Yusuf avertit le colonel que, par tous les moyens possibles, il fallait qu'il arrivât à lui, Abd-el-Kader n'étant plus qu'à une faible distance de sa main. On se remit en marche; les deux heures de repos avaient suffi pour refaire les soldats. Pas un seul n'avait profité de l'autorisation du colonel.

Les zouaves retrouvèrent au haut d'une montagne leur général Yusuf, qui était resté à cheval pendant vingt-quatre heures.

Il avait dû laisser échapper encore sa proie. Abd-el-Kader, mieux monté que lui, avait pu réussir à se dérober à sa perte par la vitesse de son cheval.

Les chevaux de la cavalerie française n'en

pouvaient plus. Repos le lendemain pendant toute la journée. On en avait grand besoin. Eau et bois, ainsi que quelques moutons et bœufs laissés par Abd-el-Kader, servirent à restaurer ces braves gens.

Un espion ennemi fut arrêté, ainsi qu'un Arabe imprudent qui, croyant avoir affaire aux spahis d'Abd-el-Kader, s'était fourvoyé parmi les nôtres, et se réjouissait de la fuite de son émir. Malheureusement pour ce malencontreux partisan du marabout, il fut établi qu'il était le chef d'une tribu qui nous avait fait sa soumission quelque temps auparavant. Il amenait un cheval de toute beauté à l'émir, et l'on peut se figurer sa stupéfaction quand, au lieu de paraître devant son chef vénéré, il se trouva en présence de Yusuf.

L'espion fut fusillé. Le chef de tribu, pris en rébellion après sa fausse soumission, le fut également. C'était la peine réservée aux transfuges.

BEAU SPECTACLE DANS LE DÉSERT

Le lendemain, la colonne se remit en marche pour les Ouled-Naïld.

Yusuf avait fait prévenir le chef de cette tribu, qu'il fallait qu'à l'arrivée de nos soldats, tous ses coreligionnaires et lui-même .fussent rentrés sur leur terrain, et que les piétons laissés par Abd-el-Kader lui fussent livrés ; faute de quoi, il ne leur laisserait que les yeux pour pleurer.

La présence du général devait être signalée par un coup de canon.

Le surlendemain, la colonne arrivait au milieu des Ouled-Naïld.

Aussi loin que la vue pouvait porter dans l'immensité du désert, nos hommes apercevaient des troupeaux de moutons et de bœufs, conduits par des cavaliers dans un ordre parfait, et des chameaux portant des palanquins où se tenaient les femmes de la tribu.

Ce tableau avait quelque chose de biblique.

On amena les prisonniers au général Yusuf. Les troupes reçurent les bœufs, les chameaux et les moutons pour l'amende qu'ils avaient encourue. Ils furent également condamnés à nous livrer toutes les juments de la tribu, ce qui permit au bataillon de zouaves de revenir parfaitement monté à Alger, où le général Bugeaud les reçut avec l'affection et les élans joyeux d'un père qui revoit ses enfants.

Le gouverneur ordonna que toute liberté fût laissée au bataillon pendant quatre jours, et fit distribuer à chaque homme une gratification de vingt-quatre francs.

On juge si avec une pareille somme ils purent se refaire !

Après ce repos, après ces délices, les zouaves retournèrent à Blidah, leur garnison habituelle. C'était absolument nécessaire, car leurs tenues étaient dans le plus complet délabrement. Le costume d'Arlequin, seul, peut donner une idée de la variété des pièces et des couleurs qui bigarraient les uniformes de ces braves.

LES LIONS

La même colonne fit, quelques jours après, une expédition sur la frontière de Tunis, et traversa les immenses forêts de la Calle; mais là, on n'eut à combattre que la chaleur et la fatigue. Pas un coup de fusil ne fut tiré.

Toutes les nuits, des lions, en grande troupe, entouraient les bivouacs de nos soldats; mais des feux allumés de vingt en vingt mètres, forçaient ces fauves à se tenir à distance respectueuse.

Les chevaux et les bœufs, inquiets et tremblants de ce voisinage que par instinct ils sentaient, se livraient toutes les nuits aux contorsions les plus échevelées.

L'HIVER

L'hiver vint, et avec lui tous les désagréments qu'il amène.

Pendant six semaines, les expéditions succèdent aux expéditions. On traverse les montagnes de Ledouck. Une neige continuelle aveugle les hommes en marche. Ils restent plusieurs jours sans bois, et de nombreux cas de congélation se déclarent parmi eux.

Ils rentrent en plaine, seul point par où ils peuvent retourner à Bône ; mais la plaine est inondée, et les voilà bloqués par les eaux stagnantes.

C'est le colonel de Crénick, commandant la 2e légion étrangère, qui est le chef de cette malheureuse colonne ; on est à douze lieues de Bône. Il est quatre heures du soir, et l'on a déjà fait six lieues.

Le colonel veut installer le bivouac pour passer la nuit sur un point qui surplombe faiblement sur cette inondation. Les zouaves déclarent qu'ils préfèrent marcher toute la nuit plutôt que de bivouaquer dans un tel endroit.

On lève le camp, et la colonne se remet en route, ayant constamment l'eau à mi-jambe, et souvent des torrents à traverser.

Enfin, on arrive à Bône.

Les zouaves qui ont fait partie de la colonne du colonel de Crénick, nous disait, à Saint-Denis, le commandant Zéler, n'oublieront jamais le sympathique accueil qui leur fut fait par les habitants. Toutes les maisons étaient éclairées et ouvertes pour les recevoir. Du bouillon, du vin chaud leur furent distribués avec profusion, des vêtements et tout ce qui pouvait les soulager et les réconforter furent mis à leur disposition.

PRISE DE TENEZ EN 1843

De Bone, les zouaves retournèrent à Alger, et de ce point ils partirent pour fonder Orléansville.

Ils étaient commandés par Cavaignac, colonel alors, lequel fut nommé chef du cercle.

C'était en 1843.

L'armée ne tarda pas à s'emparer de Tenez, position importante.

Elle se livrait, du reste, à des expéditions continuelles chez les Beni-Ménades, dans les gorges du Dahrah.

Les hommes formant cette tribu comptaient parmi les plus énergiques de l'Afrique. Ils nous attaquaient toutes les nuits, le jour ils se retiraient dans les gorges de leurs montagnes, et là il nous était difficile de les poursuivre.

Leur audace enhardie commençait à nous être importune. Un douar attaqua un convoi de blessés que nous expédiions à Orléansville, et le colonel Cavaignac fut obligé d'envoyer les zouaves dans cette direction.

Le bataillon forma son bivouac à quelques lieues du douar, et par une marche de nuit, nos soldats le surprirent dans son sommeil.

L'AVEUGLE

Dans ce coup de main eut lieu une petite scène que l'on peut appeler *l'épisode de l'Aveugle.* Effectivement, un pauvre aveugle, appuyé sur les épaules d'un enfant, cherchait à sortir du douar afin de fuir les assaillants. Il ne le put et tomba entre les mains de Zéler. Celui-ci examina cette espèce de Bélisaire kabyle et, voyant l'impossibilité où il était de faire du mal, le mit en sûreté.

Pendant cet examen, Zéler avait entendu une voix de femme, venant d'une tente, dire en français et très distinctement ces mots :

« — Il n'y a plus personne ici. »

Intrigué, il se fit amener cette femme, et sa surprise augmenta lorsqu'il vit paraître devant lui une Kabyle pur sang, tatouée à la marque de sa tribu. Il l'interrogea, et elle répondit qu'elle était Française, mais que, faite prisonnière par les Arabes, étant cantinière d'un de nos régiments, on l'avait mariée à un Kabyle et tatouée à la marque de la tribu.

On la conduisit devant le colonel Cavaignac.

Le colonel la laissa libre de rester avec nous ou de retourner à son douar.

La femme préféra rejoindre les siens. Elle était mariée et mère de famille.

DÉLICES DE CAPOUE

Chaque fois que la colonne revenait de ces expéditions, elle rentrait à Orléansville, où elle trouvait de ces distractions qu'on peut dédaigner dans les grandes villes de France, mais qui, en pays étranger, et en Afrique en temps de guerre surtout, sont tout simplement de pures délices.

Les plaisirs et les fêtes enchantaient ces rudes combattants, et ce qu'ils appelaient si pompeusement « plaisirs et fêtes, » c'étaient des représentations dramatiques données par les zouaves, dans un théâtre monté par eux, et où ils déployaient les ressources de leurs talents dramatiques.

Des troupiers de vingt-deux ans faisaient les raisonneurs, les financiers et les pères nobles;

des zouaves bronzés au soleil et à la fumée de toutes sortes de combats remplissaient des rôles d'ingénues, de jeunes premières ou de grandes coquettes, rougissaient des compliments de l'amoureux, roucoulaient la romance ou jouaient de l'éventail.

Les entrées étaient fort disputées à la comédie des zouaves, les soirées attendues avec impatience et les places louées d'avance et payées au poids de l'or. On a vu des premières galeries monter jusqu'à cinquante centimes ! Mais ce n'étaient que les zouaves opulents, l'aristocratie du bataillon, qui pouvaient se livrer à de telles folies.

Les sous-officiers et les officiers s'en donnaient aussi à cœur-joie. Ils *se recevaient* alternativement, et dans ces réunions régnait la plus grande sympathie.

La plus réelle fraternité existait entre les officiers et les sous-officiers, sans que la discipline et les convenances hiérarchiques souffrissent en rien de ces bons rapports. Car les subordonnés, voyant quels hommes étaient leurs chefs, savaient les respecter en les aimant ; et les supérieurs, sachant à qui ils avaient affaire pour avoir éprouvé leurs sous-officiers dans les fatigues partagées ensemble ou dans les dangers des champs de bataille, les protégeaient et les estimaient.

AFFAIRE DES RÉGULIERS

C'est pendant ce temps de combats et de fêtes qu'eut lieu la fameuse affaire des réguliers, où le colonel Renault, du 6e léger, fut blessé à l'arrière-garde dans le défilé des Beni-Ourah.

C'est ce brave colonel Renault, devenu général, qui fut si héroïque à Champigny.

LE DÉCAPITÉ PARLANT

L'année 1844 s'était écoulée, et 1845 voyait encore les zouaves aux prises avec les Beni-Menasser, sous les ordres du colonel Ladmirault.

Dans la colonne expéditionnaire, il y avait un fort contingent de Kabyles.

Voyant une énorme cicatrice circulaire au col de l'un d'eux, on s'informa de l'origine de cette blessure, et voici ce qu'on apprit du Kabyle :

En 1841, cet homme faisait le métier d'espion. Pris par ses coreligionnaires, on lui fit subir le supplice ordinairement réservé aux transfuges : la décollation.

Soit que ses exécuteurs, poursuivis par nos soldats, fussent trop pressés, soit par maladresse ou toute autre cause, l'espion ne fut pas achevé. Il eut cette chance extraordinaire d'être laissé sur le sol à moitié exécuté ! Le yatagan de ses bourreaux n'avait pas atteint jusqu'à l'artère carotide. Mais, le croyant trépassé, on le laissa à terre, on l'abandonna.

L'espion passa cinq ou six heures évanoui sur le sol. Le froid de la nuit le ranima, et il se traîna, en rampant et en soutenant sa tête de ses deux mains, jusqu'à ce qu'il eût atteint les tentes d'une tribu qui le recueillit et le soigna ; car dès qu'on est sous la tente de l'Arabe, qui est lieu d'asile, ami ou ennemi, on est inviolable et sacré.

Quelque temps après, l'homme au col coupé ne semblait même plus se souvenir de sa blessure.

Il s'était exposé à un aussi cruel supplice pour la minime somme de 60 douros — 300 francs ! — et il disait qu'il était prêt à recommencer pour le même prix.

BOU-MAZA

En 1845, Bou-Maza, dit *l'homme à la chèvre,* — on verra pourquoi tout à l'heure, — était, comme on sait, l'un de nos plus dangereux ennemis en Afrique.

Cruel, rusé, cavalier incomparable, presque aussi habile qu'Abd-el-Kader, insaisissable comme lui, il fanatisait ses coreligionnaires par toutes sortes de pratiques charlatanesques et de prétendus miracles que quelques complices l'aidaient à accomplir. Ainsi, toujours suivi d'une chèvre, qui, en sa qualité d'animal sacré, était censée lui transmettre les ordres d'Allah, il faisait accroire à ses dupes qu'il était sans cesse en communication avec la divinité, et qu'il était invulnérable par conséquent.

Aussi offrait-il toujours aux crédules Arabes de tirer sur lui à balles et à bout portant. Par respect et par conviction, ceux-ci refusaient presque toujours. Quand ils acceptaient, à l'aide d'un fusil à secret qu'un affidé de Maza chargeait lui-même, le coup partait et les balles escamotées ne touchaient jamais la poitrine de ce prestidigitateur du désert.

Bou-Maza était cruel, avons-nous dit, et il le prouva bien à l'égard d'un certain Ladjamet, chef de tribu du cercle d'Orléansville, qui s'était dévoué à notre cause, et qui nous rendait les plus grands services.

Le gouverneur de l'Algérie, en récompense, l'avait nommé commandant de ce même cercle d'Orléansville que nous venions de fonder récemment.

Un jour, Ladjamet, qui mariait sa fille, la conduisait à son fiancé, en passant par les gorges des Beni-Mnasser. Bou-Maza, averti par ses espions, y envoie ses gens en embuscade afin de s'emparer de celui qu'il considérait comme un renégat.

Le malheureux Ladjamet et sa fille furent pris par ces hommes, et conduits tous les deux devant Bou-Maza.

L'odieux chef, après avoir accablé d'injures le malheureux Ladjamet, lui fit couper les oreilles, couper la langue, arracher les yeux, et cela en présence de son enfant. Puis, s'adressant à ses hommes :

— Voilà, dit-il, le châtiment réservé à tous les mauvais musulmans !

Bou-Maza ne devait heureusement pas profiter

longtemps encore de ses intrigues et de ses infamies.

Les officiers français le firent travailler dans l'esprit de ses partisans. On leur fit dire de consentir à tirer sur Bou-Maza lorsque celui-ci offrirait de faire cette expérience, et d'avoir soin surtout de charger eux-mêmes les armes.

Ce qui était prévu arriva. Un jour Bou-Maza renouvela sa bravade. On le prit au mot. Mais il ne voulut pas accepter qu'un autre que lui ou son affidé chargeât les fusils. Son prestige disparut soudainement; on vit qu'on avait affaire à un intrigant. On l'entoura, le garrotta, et on nous le livra.

Nous ne terminerons pas ces récits sans parler d'un ami bien regretté des zouaves, du pauvre *Couscous*, le chien du bataillon.

COUSCOUS

C'était un chien braque d'assez forte taille, appartenant au 3e bataillon de zouaves.

Il avait été de toutes les expéditions faites par ce bataillon. Il avait fait avec lui toutes les campagnes dans les montagnes, dans la plaine et dans le désert.

Aussi Couscous était devenu un troupier fini. Il était joyeux au combat, folâtre au milieu des balles, et acharné contre les Arabes qu'il détestait cordialement.

Couscous fut blessé une fois à la patte. Il fut obligé, à son grand chagrin, de quitter son corps pour se rendre à l'hôpital de Biscuitville, dans le cercle d'Orléansville, montagne des Beni-Ourah.

Le séjour de l'hôpital ennuyait ce brave Couscous. Il ne songeait qu'à rejoindre ses chers zouaves.

Aussi, un jour, souffrant encore, il voulut sortir de l'hôpital. On l'arrêta. Couscous fit une vie du diable. On ne pouvait plus le contenir. C'est que pour Couscous il se passait quelque chose d'extraordinairement heureux. Tandis que les blessés de l'hôpital ne se doutaient de rien, Couscous, avec le flair que la nature lui avait donné et que l'amour qu'il avait pour ses compagnons d'armes avait développé en lui, Couscous *sentait* venir son bataillon, lorsque ce bataillon était encore à deux lieues de la ville, et il voulait s'évader de l'hôpital.

Effectivement, c'étaient les zouaves qui revenaient de châtier une tribu insoumise.

Quand ils ne furent plus qu'à quelques kilomètres de l'hôpital, Couscous, fou de plaisir, et ne pouvant plus décidément rester enfermé, fit un bond prodigieux et franchit la palissade qui le séparait de ses camarades, et il alla leur souhaiter la bienvenue!

Quelle joie, quelle ivresse de les revoir, de les caresser et de rester avec eux, surtout! car Couscous, cela va sans dire, fut soigné et guéri au corps par ses amis.

Il était complétement heureux.

Hélas! c'est toujours dans ces moments de suprême félicité que le malheur jaloux vient nous atteindre.

Couscous était un jour dehors, à flâner.

Il vit un chéf vêtu d'un burnous et quelques zouaves à ses côtés.

Il prit l'homme au burnous pour un Arabe. Et, nous l'avons déjà dit, il avait en horreur ces fils du désert.

Couscous se lança sur le burnous, par derrière, en prit le bord dans ses dents et le secoua, plein de colère.

L'homme se retourna, impatienté, agacé.

C'était le colonel Claparède.

Il se dégagea et enjoignit à l'un des zouaves de tirer un coup de fusil sur le chien.

Le zouave n'eut pas l'air de vouloir obéir. Au lieu de dire au colonel Claparède, qui ne connaissait pas l'animal, ce que c'était que Couscous, il se contenta de garder le silence.

Le colonel, irrité de ce refus d'obéissance, fronça le sourcil, et, d'un ton qui n'admettait pas de réplique, ordonna à un autre soldat de tuer le chien.

On obéit... et Couscons reçut la mort des mains d'un soldat français !

Une morne tristesse régna sous les tentes des zouaves quand on sut cette triste nouvelle. Et l'on se promit même de venger Couscous sur quelque objet cher au colonel.

Le lendemain de cette funeste exécution, M. de Claparède fut tout étonné de voir une longue procession de zouaves qui suivaient une civière et gravissaient un tertre.

Il demanda ce que c'était.

On lui répondit que c'était le troisième bataillon de zouaves tout entier qui procédait à l'enterrement de Couscous.

Et on lui expliqua ce que c'était que ce pauvre chien qu'il avait fait tuer la veille.

M. de Claparède, qui était vif, mais dont le cœur était excellent, fut vivement impressionné en apprenant sa déplorable erreur, et il en sentit un réel chagrin.

— Pourquoi diable aussi ne m'a-t-on pas dit ce qu'était cette pauvre bête?... répétait-il sans cesse, d'un air pensif, en tourmentant sa moustache.

Mais il était trop tard.

Les zouaves firent à Couscous des funérailles dignes de ses vertus et de sa bravoure. On lui rendit les honneurs militaires, et sur sa fosse on éleva une croix où étaient écrits, en lettres blanches, ses états de service, et ces mots :

CI-GIT COUSCOUS

Chien du 3e bataillon de zouaves

dont il partagea toutes les fatigues et tous les périls

dans les campagnes de l'Algérie.

Blessé plusieurs fois.

Il fut fusillé par erreur.

SOUVENIR FUNÈBRE DE SES FRÈRES D'ARMES.

ÉPILOGUE

C'est sans prétention que ces récits nous furent faits par le commandant de la *Double-Couronne ;* c'est aussi sans prétention que nous les livrons au lecteur, persuadé qu'il nous saura gré de notre bonne intention.

FIN

TABLE

16

FIN DE LA TABLE

www.ingramcontent.com/pod-product-compliance
Ingram Content Group UK Ltd.
Pitfield, Milton Keynes, MK11 3LW, UK
UKHW021043200726
13857UKWH00003B/791